ANTOINE ISAMBERT

CÉLÉBRER LA NATURE
sur le Chemin de Compostelle

du Puy-en-Velay à Roncevaux

ulmer

SOMMAIRE

INTRODUCTION

Deus sive Natura
« Dieu, c'est-à-dire la Nature »
SPINOZA (1670)

Qu'ils le fassent dans un but spirituel ou pas, la plupart des pèlerins qui s'engagent sur les Chemins de Compostelle sont aussi sensibles à la beauté de la nature traversée, qu'à celle des villes, des villages ou des édifices religieux rencontrés. Or, s'il existe un nombre considérable de livres, de tout ordre, sur les Chemins de Compostelle, il n'en existe aucun qui traite sérieusement de la nature. Il m'a semblé important de combler cette lacune.

Ce que les marcheurs vont réellement pouvoir voir
Mon but, avec ce livre, n'est pas de faire une encyclopédie, mais de guider le regard des marcheurs sur ce qu'ils pourront réellement observer le long du Chemin[1] en m'appuyant sur ce que j'ai moi-même vu.

C'est pourquoi ce livre présente en premier lieu les différents paysages et les plantes qui en sont les plus marquantes, c'est-à-dire les plus belles et les plus attrayantes d'une part, mais aussi celles qui sont caractéristiques des milieux traversés d'autre part (sans négliger, toutefois, certaines plantes toutes petites, passant généralement inaperçues, mais dont la beauté mérite qu'on les sorte de l'anonymat).

Je parlerai également de la nature du sous-sol – granite, basalte, calcaire, schistes… – car celle-ci a une influence déterminante sur les paysages et le type de plantes qui y poussent.

En ce qui concerne les oiseaux, je me focaliserai sur ceux que les marcheurs pourront observer à l'œil nu, sans l'aide de jumelles, c'est-à-dire principalement les rapaces qui sont très présents sur le Chemin, mais aussi quelques autres. Pour les insectes, nombreux et divers, mais souvent fugaces et difficiles à voir, ne seront présentés que ceux que j'ai pu observer ou qui sont indissociables de certaines plantes. Je présenterai également les reptiles, serpents et lézards, visibles sur le Chemin, ainsi que quelques races

[1] Dans tout le livre, j'ai écrit le Chemin avec un C majuscule, quand il s'agit du Chemin de Compostelle sur la Voie du Puy, c'est-à-dire ici le GR 65 et sa variante du Célé.

d'animaux d'élevage spécifiques des régions traversées. En revanche, je ne parlerai pas des mammifères sauvages, car si l'on croise de temps en temps un chevreuil ou un écureuil, que tout le monde reconnaîtra aisément sans avoir besoin d'un livre, les autres restent généralement invisibles. (Il n'y a pas non plus de mammifère sauvage spécifique au Chemin). Les limites de ce livre étant posées, vous vous rendrez compte que le champ de la nature observable sur le Chemin reste très vaste.

Aucune autre voie n'est aussi riche que la *Via Podiensis*

Ce livre se concentre sur la partie française du Chemin de Compostelle, et plus particulièrement sur la Voie du Puy qui, en France, est la voie empruntée par 80 % des pèlerins. Cette *Via Podiensis*, allant du Puy-en-Velay à Saint-Jean-Pied-de-Port, est considérée, à juste titre, comme la plus belle et la plus sauvage, riche d'une grande diversité de paysages, de petits villages préservés et d'édifices religieux admirables.

En ce qui concerne la nature, c'est également la voie qui présente la végétation la plus riche et la plus diversifiée. Elle inclut la végétation « ordinaire » de plaine, commune à toutes les autres voies[2], mais on y trouve, en plus, une végétation de montagne très particulière sur les sols acides de la Margeride et de l'Aubrac, une végétation quasi méditerranéenne exceptionnelle sur les sols calcaires du Quercy, et une végétation atlantique marquée par la douceur et l'humidité dans le Béarn et le Pays basque. Aucune autre voie ne présente une telle diversité de paysages et de flore ! Et aucune n'est aussi préservée.

Des exercices de « pleine conscience »

Je suis, depuis ma jeunesse, ce qu'on appelle un naturaliste amateur, et mon métier d'éditeur de livres sur la nature et l'écologie pratique m'a permis, tout au long de ma carrière, de conserver un bon niveau de connaissances générales. Sans être un botaniste professionnel, je connais la plupart des plantes courantes et, si une plante m'est inconnue, je sais la classer dans tel ou tel genre et où chercher pour affiner son identification.

Pour autant, ce voyage a été pour moi une continuelle source de découvertes et de questionnements, et aussi l'occasion de reconsidérer l'étendue de mon ignorance...

À de nombreuses reprises, en prenant le temps d'observer d'un œil neuf, je me suis surpris à faire des découvertes dont mon manque d'attention m'avait jusque-là privé. Un seul exemple parmi d'autres : dans le sous-bois qui remonte après Conques, j'ai commencé à regarder vraiment les fougères que je croyais connaître comme étant des fougères mâles (*Athyrium filix-mas*). Et je me suis aperçu qu'il y avait, en fait, trois espèces, très communes mais bien différentes, et tellement belles, que je confondais (voir p. 92). Bien sûr, les fougères ne sont pas très spectaculaires et l'on peut très bien vivre en ignorant ces subtilités. Mais ces subtilités sont, pour moi, le sel de la vie. Pour filer la métaphore spirituelle (on est sur le Chemin de Compostelle) : Dieu est dans les

[2] Dans tout le livre, un astérisque * signalera ces plantes « ordinaires » communes à toutes les régions. Pour éviter les redites, elles sont regroupées dans un chapitre propre p. 209 et suivantes.

détails. Qu'on soit croyant ou pas, reconnaître ces trois espèces, c'est-à-dire prendre conscience de leur existence, me remplit de joie et rend mon existence plus riche. Je suis sûr, ami lecteur, que je ne suis pas le seul à partager ce sentiment. (Mais rassure-toi cependant, ami lecteur, l'essentiel de mes prises de conscience portera dans ce livre sur des plantes beaucoup plus spectaculaires que les fougères).

Au printemps et en été

Le Chemin est beau toute l'année, mais la grande majorité des pèlerins l'empruntent à la belle saison. Pour avoir une vision représentative de ce qu'ils verront, j'ai effectué le trajet deux fois : une première au printemps et une seconde en été.

Au printemps, je suis parti du Puy fin mai pour arriver dans la Margeride et l'Aubrac au moment de la floraison des narcisses. À cette époque, le printemps qui bat son plein dans l'ensemble du pays, démarre à peine sur ces hauts plateaux montagnards. En venant de la plaine, on a un peu l'impression de faire un voyage dans le temps de presque deux mois en arrière...

En juillet et en août, alors que la nature prend un aspect totalement différent, j'ai refait entièrement le trajet par étapes, en reprenant les tronçons qui m'ont semblé les plus intéressants.

À vélo et à pied

J'ai tout d'abord effectué le trajet à vélo, d'une traite, en partant du Puy le 21 mai pour arriver à Roncevaux le 3 juin. Avec mon vélo, j'ai emprunté le plus possible l'itinéraire pédestre du Chemin de Compostelle (le GR 65) quand les chemins étaient praticables, comme dans la Margeride par exemple, ou quand le GR longe des routes goudronnées, ce qui est souvent le cas. Quand le chemin n'était pas praticable à vélo, j'ai navigué au plus près sur les petites routes de campagne.

Bien sûr, quand on ne peut pas emprunter à vélo les sentiers les plus étroits ou escarpés, on ne voit pas tout à fait la même chose, mais on rencontre globalement la même végétation. Par ailleurs, les petites routes de campagne, dans cette partie de la France, sont très peu fréquentées par les voitures et un vrai bonheur pour les cyclistes (avis aux amateurs !).

Cependant, il faut admettre que les tronçons impraticables à vélo sont parfois beaucoup plus spectaculaires. C'est pourquoi, lors de mon second parcours estival, je me suis efforcé de refaire à pied ces passages où je n'avais pas pu m'engager à vélo au printemps, en raison de la pente ou de la boue : en particulier les gorges de l'Allier, la montée après Conques, certains sentiers de l'Aubrac et du Gers, et le chemin du Célé sur les falaises, de toute beauté... Je pense ainsi donner au lecteur une vision complète et juste de ce qu'il pourra voir sur le Chemin.

La nature est une source continuelle de découvertes et d'émerveillement.
Ce livre se veut une invitation à ouvrir les yeux sur sa diversité, célébrer sa beauté et, pourquoi pas, s'interroger sur son mystère, selon le degré de spiritualité que chacun voudra y mettre.

Saint-Cirq-Lapopie, dans le Quercy.
Au premier plan, Centranthes rouges et coquelicots.

LE DEVÈS & LES GORGES DE L'ALLIER

Du Puy-en-Velay à Monistrol-d'Allier

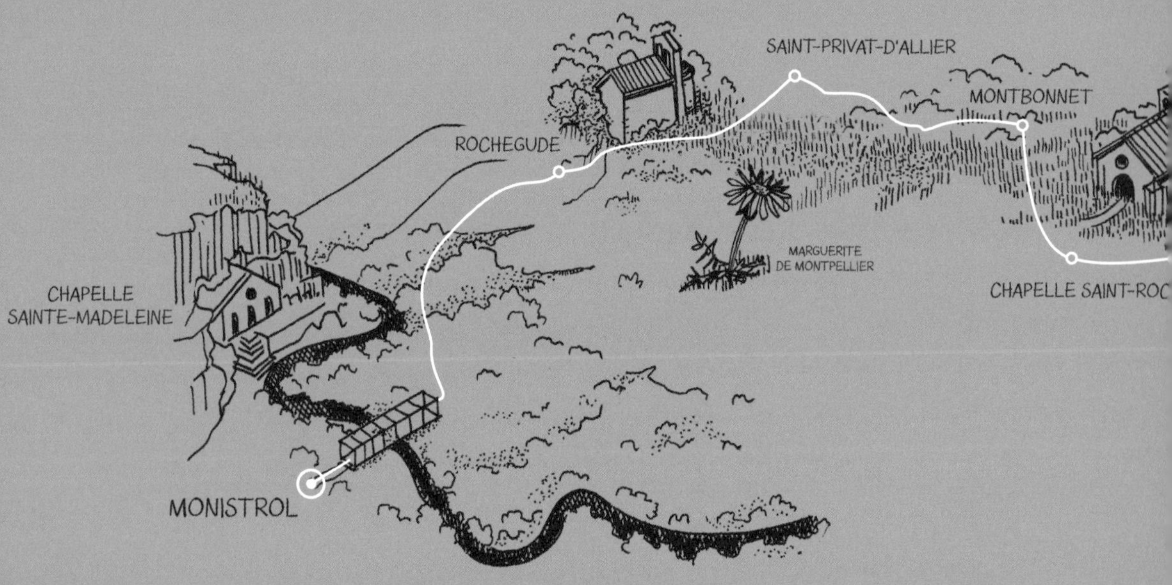

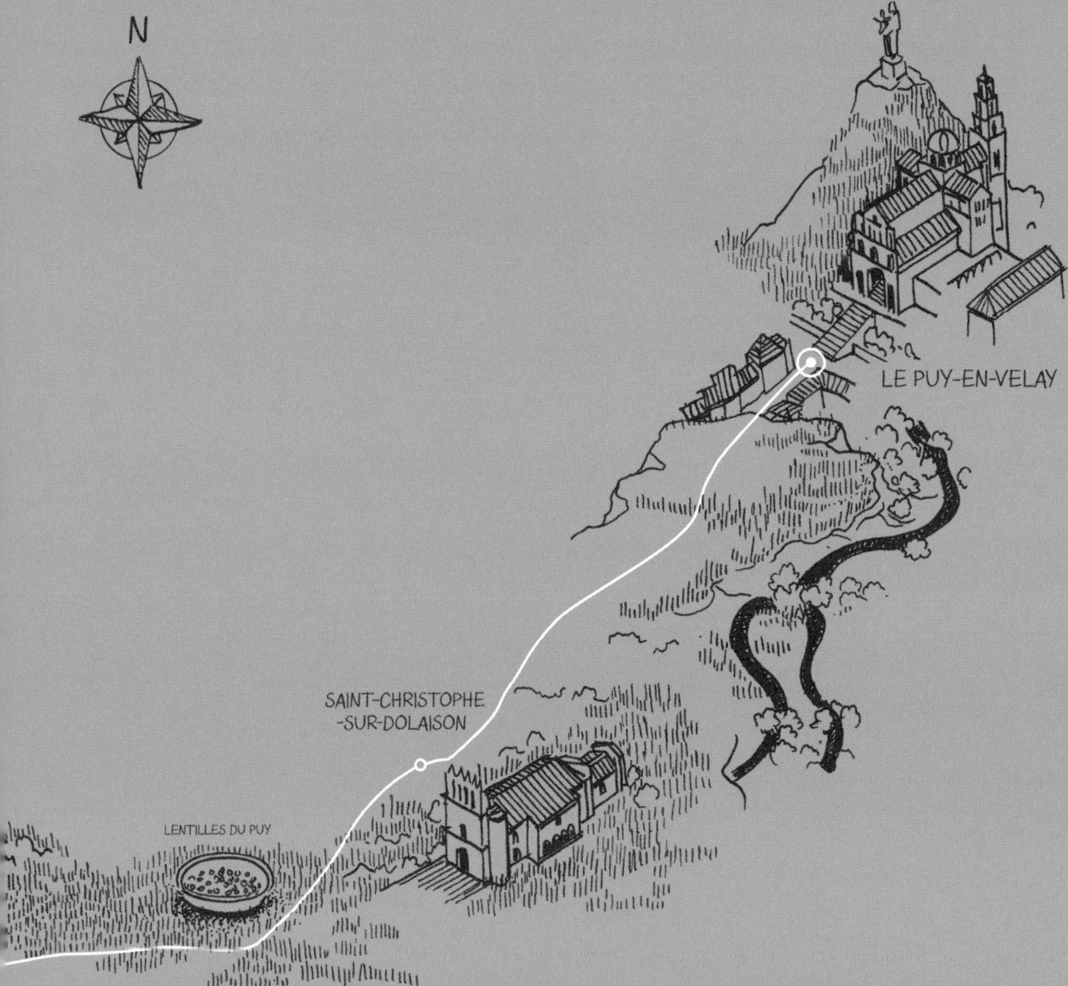

Après avoir quitté Le Puy, le Chemin s'élève le long de la Dolaison jusqu'au plateau du Devès, qui s'étend jusqu'aux gorges de l'Allier entre 800 m et 1 000 m d'altitude. On entre ici dans le domaine montagnard du Massif central, à partir duquel la flore se distingue nettement, par sa richesse, de la végétation plus commune des plaines et des collines environnantes.

Statue Notre-Dame de France au Puy-en-Velay

Le Chemin après le village du Chier

Orpin blanc

La cathédrale Notre-Dame du Puy-en-Velay, point de départ du pèlerinage

Scabieuse des bois

Saint-Privat-d'Allier

LE PAYS DU BASALTE ET DES ROCHES VOLCANIQUES

Le basalte est une roche volcanique, à la couleur noire caractéristique, qui constitue l'essentiel du plateau du Devès et des gorges de l'Allier. Il résulte du refroidissement rapide, en surface, d'une lave pauvre en silice – pauvreté relative, car le basalte contient tout de même 45 à 52 % de silice. Du fait de la rapidité de ce refroidissement, il forme une pâte homogène composée de microcristaux invisibles à l'œil nu. Les laves dont sont issus les basaltes sont très fluides en raison de cette pauvreté en silice. On parle de coulées basaltiques qui ont ainsi pu recouvrir de grandes surfaces comme le plateau du Devès. Elles sont issues de volcans *effusifs*, comme ceux de l'île de La Réunion aujourd'hui, par opposition aux volcans *explosifs* que nous verrons plus loin.

L'INFLUENCE DU BASALTE SUR LES PLANTES

Les sols basaltiques sont très fertiles car ils libèrent des éléments minéraux essentiels pour les plantes, comme le calcium, le magnésium et le potassium. Ils sont également basiques et accueillent des plantes calcicoles, mais aussi, paradoxalement, des plantes calcifuges, comme les genêts, car le carbonate de calcium qu'ils contiennent, sous forme de silicate, n'est pas libre.

Phonolite et autres

À l'inverse, certains types de laves, plus riches en silice, sont visqueux. Elles donnent lieu à des éruptions volcaniques explosives, d'autant plus violentes que le magma est riche en silice, comme celles du Vésuve à Pompéi ou de la montagne Pelée en Martinique. En se refroidissant, ces laves visqueuses donnent naissance à diverses roches volcaniques plus claires (trachyandésites, trachytes, phonolites...). Contrairement au basalte, elles ne s'écoulent pas très loin des volcans. La phonolite, très riche en silice, se débite comme l'ardoise (en plus épais !) et fournit les lauzes utilisées traditionnellement dans la région pour les toitures.

Scories et brèches volcaniques

Lors des éruptions volcaniques, des gaz et des fragments de matières en fusion sont également expulsés et retombent sous forme de scories. Durant leur trajet aérien, la lave s'oxyde et prend une coloration caractéristique allant du brun au rouge. Ces scories volcaniques agglomérées ont une structure bulleuse, pleine d'alvéoles, et ont généralement une composition basaltique. On les retrouve souvent dans les constructions locales. Certaines formations, plus complexes, sont composées de fragments de roches inclus dans un ciment très fin, et regroupées sous le nom de brèches volcaniques.
En résumé, l'activité volcanique donne naissance à une grande diversité de roches, qu'à part le basalte et quelques autres, il est souvent difficile de classer clairement.

L'église de Saint-Christophe-sur-Dolaison, sur le Chemin, datant du XIIe siècle. La diversité des couleurs noires, brunes et rouges des roches volcaniques (scories et brèches) a habilement été mise à profit par les architectes dans un souci esthétique manifeste. Le peigne supportant les cloches est en granite.

LE PLATEAU DU DEVÈS

Le Devès est un grand plateau basaltique résultant de l'activité volcanique récente (d'un point de vue géologique) du Massif central, c'est-à-dire il y a 0,5 à 3 millions d'années. Ses terres sont très fertiles et exploitées sous forme de pâturages et de cultures diverses, dont la fameuse lentille du Puy. Encore sous l'influence atlantique mais protégé par la Margeride et surtout l'Aubrac, sur lesquels les pluies venant de l'ouest viennent se décharger, la pluviométrie est assez faible pour une région de montagne (850 mm).

Du Puy, le Chemin parcourt une dizaine de kilomètres le long de la Dolaison avant d'atteindre le plateau du Devès, à 800 m d'altitude. L'occasion d'observer, sur le flanc de la vallée, la vaste coulée basaltique qui constitue de socle du plateau, ainsi que quelques antiques bories servant autrefois d'abris aux bergers.
À cet étage encore collinéen, on notera l'avance de la feuillaison des arbres par rapport au plateau, plus froid et à peine sorti de l'hiver.

Sur le plateau, végétation typique de printemps en situation humide et riche en azote (Stellaire holostée, Compagnon rouge, Saxifrage granulée, Bouton d'or, Myosotis, Lamier blanc, Ortie). Bord du Chemin avant d'arriver à Montbonnet.

LE BORD DES CHEMINS AU PRINTEMPS

On rencontre ici nombre de plantes qu'on retrouvera en Margeride (voir p. 37).

Saxifrage granulée
(voir p. 43)

Compagnon rouge
(voir p. 187)

Myosotis
(voir p. 45)

Bugle de Genève
Ajuga genevensis
Elle ressemble à la bugle rampante*, très commune en plaine au printemps dans les sous-bois. Mais contrairement à celle-ci, elle pousse sur les pelouses maigres calcaires ou basiques et a des feuilles nettement crénelées.

Trèfle incarnat ou Farouch
Trifolium incarnatum
Ce trèfle a une origine méditerranéenne. Il a été beaucoup cultivé comme plante fourragère précoce et pour enrichir le sol en azote. Comme tous les trèfles, il possède en effet dans ses racines des bactéries symbiotiques capables de fixer l'azote de l'air sous forme minérale.

AUTRES PLANTES

- **Compagnon blanc***
- **Stellaire holostée ***
- **Lamier blanc***

La chapelle Saint-Roch à Montbonnet, est une étape mentionnée pour la première fois sur le Chemin de Saint-Jacques en 1213. Elle est construite en pierres volcaniques. Saint Roch est le saint patron des pèlerins (voir p. 97) et de nombreuses chapelles lui sont consacrées tout le long du Chemin.

En été, on retrouve sur le bord des chemins la plupart des fleurs d'été classiques de plaine comme, sur cette photo, le Séneçon jacobée*, l'Achillée millefeuille*, la Cardère sauvage, l'Épilobe hirsute, le Millepertuis perforé* et le Trèfle blanc*.

LE BORD DES CHEMINS EN ÉTÉ

Vesce velue
Vicia villosa
Comme le Trèfle incarnat, vu au printemps, c'est une légumineuse originaire du sud de l'Europe. Elle est cultivée comme plante fourragère et comme plante intercalaire pour sa capacité à enrichir le sol en azote. Elle s'est naturalisée et pousse spontanément en bordure des champs. Elle ressemble beaucoup à la Vesce cracca (*Vicia cracca*), beaucoup plus répandue partout en France.

Molène lychnite
Verbascum lychnitis
Trois ou quatre molènes d'aspect assez proche se rencontrent fréquemment en été. Celle-ci a des fleurs de couleur jaune mais elles sont blanches dans certaines régions. Elle peut être très ramifiée. *Lychnos* signifie « cierge » en grec. On utilisait ses feuilles fibreuses pour réaliser des mèches.

Cardère sauvage
(voir p. 153)

Armoise commune*

LA LENTILLE VERTE DU PUY

À partir de Saint Christophe-sur-Dolaison, sur le plateau du Devès, le Chemin traverse le terroir de la lentille verte du Puy Elle ne dépasse pas 20 ou 30 cm de hauteur et fait de toutes petites fleurs bleu pâle qui se remarquent à peine. Chaque gousse ne contient que deux lentilles : il en faut beaucoup pour faire un plat ! Les sols volcaniques du Velay se prêtent particulièrement bien à sa culture. Ils sont drainants, fertiles et subissent un effet de foehn en été qui dessèche naturellement la plante avant la récolte. Par ailleurs, la lentille produisant elle-même son propre azote, comme toutes les légumineuses, elle peut se passer complètement de fertilisation azotée.
Elle fait l'objet d'une Appellation d'Origine Protégée (AOP) et sa culture répond à un cahier des charges écologiquement vertueux. En particulier, l'utilisation de défanants ou désherbants totaux (glyphosate) est totalement interdite. Ce dernier point est particulièrement important quand on sait que le glyphosate est systématiquement utilisé au Canada (premier producteur de lentilles au monde) pour dessécher les cultures juste avant la récolte… Outre les qualités gustatives particulières de la lentille verte du Puy, c'est un point à bien considérer quand on compare le prix des lentilles en supermarché.

EN LISIÈRE DE FORÊT

Scabieuse des bois
ou Knautie à feuilles de cardère
Knautia dipsacifolia
Cette cousine de la scabieuse des champs* se reconnaît à ses feuilles semblables à celles de la cardère (voir p. 153). Contrairement à sa cousine, elle est absente des plaines et ne se rencontre qu'en montagne (Massif central, Alpes, Pyrénées, Jura, Vosges). Elle apprécie les lisières des bois humides, mais aussi les prairies fraîches.

Digitale à grandes fleurs
Digitalis grandiflora
Belle plante de montagne des lisières et des prairies sur sols acides. Elle est fréquente dans les Alpes mais assez rare dans le Massif central. Toxique pour le cœur, elle contient, comme la Digitale pourpre, des glycosides cardiotoniques, mais moins puissants.

Galeopsis tetrahit
ou Ortie royale
Galeopsis tetrahit
Assez fréquente partout en France en lisières de bois, elle indique un sol riche en azote. Comme toutes les plantes de la famille des Labiées, elle a une tige carrée. Elle est comestible (ses feuilles se mangent en salade, farce, gratin, soupe; ses fleurs décorent les salades ; on peut extraire de l'huile de ses graines) et médicinale (expectorante contre la toux).

LES GORGES DE L'ALLIER

Passé la chaîne des anciens volcans du Devès, qui culminent à 1 400 m, le Chemin redescend dans un paysage plus forestier dans les gorges de l'Allier, dominées également par les roches basaltiques. L'Allier a creusé son lit dans le socle granitique de la Margeride. Les volcans effusifs du Devès, plus récents, ont ensuite déversé leurs coulées de basalte dans cette faille. On y trouve donc beaucoup de roches volcaniques (basalte essentiellement), mais aussi du granite. Les maisons des villages alentour se sont servies des deux types de roches comme matériaux de construction.

Saint-Privat-d'Allier, dans la descente vers les gorges de l'Allier

Les maisons locales sont construites dans un assemblage de granite et de roches volcaniques.

SUR LES ROCHERS BASALTIQUES AU PRINTEMPS

Joubarbe des toits
Sempervivum tectorum
Sa rosette de feuilles succulentes est caractéristique. Présente à l'état sauvage dans toutes les montagnes. Elle a beaucoup été plantée sur les toits car on pensait qu'elle protégeait de la foudre. En été, sa tige s'allonge pour former une inflorescence de fleurs roses.

Scléranthe vivace
Scleranthus perennis
Ses cinq pétales verts bordés de blanc sont caractéristiques. Une des nombreuses petites Caryophyllacées (famille de l'œillet), très adaptées aux milieux rocheux secs. Elles ne sont pas toujours aussi faciles à identifier.

Marguerite de Montpellier
Leucanthemum monspeliense
À première vue, elle ressemble à une marguerite classique, mais ses feuilles très découpées et charnues et son habitat sur les parois rocheuses l'en distinguent nettement. Elle est localisée au sud du Massif central.

Saxifrage faux hypne
Saxifraga hypnoides
Les saxifrages poussent généralement sur les rochers. Leur nom provient du latin *saxum*, rocher, et *frangere*, briser, mais curieusement ce nom a initialement été donné à la Saxifrage granulée pour une tout autre raison (voir p. 43). La Saxifrage faux hypne est très présente dans le Massif central.

Orpin à feuilles épaisses
Sedum dasyphyllum
Ses petites feuilles rondes légèrement aplaties et sa couleur rose pâle sont caractéristiques. Très présent dans tout le quart sud-est et les Pyrénées.

Orpin blanc
Sedum album
Très commun sur les rochers partout en France. En dehors de sa période de floraison (voir l'été, ci-après) ses petites feuilles rougeâtres ne passent pas inaperçues. Elles peuvent être également vertes.

LES CHAMPIONNES DE LA RÉSISTANCE À LA SÉCHERESSE

Dans la descente vers Monistrol-d'Allier puis dans la montée vers le plateau de la Margeride, les deux rives de l'Allier laissent apparaître de nombreuses parois rocheuses, plus ou moins abruptes et dénudées, sur lesquelles poussent des plantes très spécifiques. Elles ont toutes en commun d'être très résistantes à la sécheresse, dont beaucoup de succulentes.

Paroi de basalte particulièrement intéressante dans la descente vers Monistrol-d'Allier

Thym faux pouliot ou Thym de bergère
Thymus pulegioides
Très présent sur les chemins sableux et acide de la Margeride et de l'Aubrac (voir p. 58), on le trouve aussi sur cette paroi basaltique.

Petite pimprenelle
Sanguisorba minor
On la trouve ici sur des rochers basaltiques, mais elle est très courante partout dans les prairies et les bords de route secs, surtout calcaires. C'est une excellente plante sauvage aromatique. Ses feuilles ont un petit goût de concombre ou de pastèque, frais et astringent. Médicinale, on peut aussi l'employer contre la diarrhée de par sa richesse en tanins.

Muflier à feuilles de pâquerette
Anarrhinum bellidifolium
Très adapté aux milieux rocheux secs et acides, dans tout le sud et le centre de la France. On le rencontre également sur les rochers schisteux autour de Conques.

SUR LES ROCHERS BASALTIQUES EN ÉTÉ

Marguerite de Montpellier
Leucanthemum monspeliense
Défleurie en été, mais on peut encore distinguer ses feuilles profondément découpées caractéristiques.

Œillet des Chartreux
Dianthus carthusianorum
Ce bel œillet qui pousse sur les sols basiques a été nommé en référence aux moines chartreux, qui le cultivaient, et dont le premier monastère était situé dans le massif de la Chartreuse, entre Grenoble et Chambéry.

Œillet des Chartreux, Biscutelle commune (jaune), Orpin blanc, rosette de feuilles de la Petite pimprenelle défleurie.

Orpin blanc
Sedum album
Il se bouture facilement et est très utile pour végétaliser les toitures. Ses petites feuilles peuvent être consommées pour agrémenter les salades.

Trèfle pied-de-lièvre
Trifolium arvense
Il doit son nom à son inflorescence duveteuse caractéristique. On le trouve partout en France sur les sols secs et sablonneux acides.

Rochers basaltiques dans la montée de la Madeleine. Orpin blanc, Œillet des Chartreux, Jasione.

Cet affleurement rocheux sur la route qui monte de Monistrol-d'Allier vers le plateau de la Margeride forme au printemps un véritable « jardin alpin ». S'y mêlent aux mousses, Genêt à balais (jaune d'or), Genêt velu (fleurs plus petites et jaune moins vif), Saxifrage faux hypne (blanc) et Saponaire de Montpellier (rose) Plus haut, en Margeride et en Aubrac, c'est le Genêt purgatif qui dominera.

La Saponaire de Montpellier *(Saponaria ocymoides)* est une jolie plante tapissante de la famille de l'œillet (Caryophyllacées) qu'on ne peut pas manquer de remarquer. On la rencontre en plein soleil sur les pelouses sèches, les rochers et les éboulis des collines et des montagnes du Sud-Est.

Les gorges de l'Allier sur le sentier
qui mène à la montée de la chapelle Sainte-Madeleine.

Sur le sentier qui remonte vers le plateau de la Margeride, les frênes, les chênes et les érables de l'étage collinéen font place, à mi-hauteur, à une forêt de hêtres et de pins sylvestres (et de plantations d'épicéas). La végétation le long du Chemin est assez ordinaire (ronces, achillées, millepertuis, laitues de muraille, épervières...) avec quelques plantes plus spécifiques (Doronic à feuilles en cœur, Séneçon des forêts, Goodyère rampante...).

La chapelle Sainte-Madeleine est une chapelle troglodytique construite dans la falaise basaltique qui domine la rivière. Le Chemin qui passe par cette chapelle pour rejoindre le plateau de la Margeride, puis Saugues, est une des plus longues et des plus éprouvantes, surtout en été quand le soleil est au zénith.

Le tronc lisse et grisâtre du Hêtre est caractéristique, ainsi que ses feuilles qui, de vert tendre au printemps, deviennent vert foncé en été.

Le haut du tronc et les branches supérieures du Pin sylvestre ont une couleur orangée.

La montée vers la chapelle Sainte-Madeleine

Le village d'Escluzels au-dessus de Monistrol-d'Allier, à mi-chemin dans la montée. La présence de cet âne n'est peut-être pas sans rapport avec le chardon dont il raffole (voir page ci-contre).

La montée de la Madeleine débouche sur le plateau granitique de la Margeride.
Prochaine étape : Saugues, pays de la bête du Gévaudan.

TROIS ESPÈCES DE CHARDONS EN ARRIVANT SUR LA MARGERIDE

Chardon penché

Chardon penché
Carduus nutans
Un des plus beaux chardons, assez commun en bord de chemin. Ses jeunes capitules sont comestibles à la manière des artichauts (mais il n'y a pas grand-chose à manger...).

Pet d'âne ou Chardon aux ânes
Onopordon acanthium
Il peut faire plus de 2 m de haut. On peut également manger ses capitules comme des artichauts. Les ânes en sont très friands, et l'on imagine aisément l'origine de son nom (*onopordon* signifie littéralement pet d'âne en grec).

Cirse laineux
Cirsium eriophorum
Avant leur épanouissement, l'involucre des fleurs est couvert d'un duvet laineux blanc spectaculaire. Ses énormes feuilles épineuses en trois dimensions le sont tout autant.

LES RAPACES SUR LE CHEMIN

Bien visibles dans le ciel, les rapaces sont des oiseaux que les marcheurs rencontreront souvent et qu'ils pourront facilement identifier à l'œil nu. Quatre espèces sont fréquentes tout le long du Chemin : le Faucon crécerelle, la Buse, le Milan royal et, localement, le Milan noir. Le Circaète Jean-le-Blanc sera beaucoup plus rare. Dans les Pyrénées basques, le Vautour fauve et deux autres vautours pourront aussi être observés (voir p. 202).

Le Milan royal

Les milans se distinguent de la buse par leur silhouette plus élancée et surtout par leur queue en V caractéristique. Le Milan royal a une queue plus échancrée que celle du Milan noir, une couleur plus rousse et deux taches blanches sous les ailes. Il est beaucoup plus rare en France que la buse, sauf sur le Chemin justement, et en particulier dans le Massif central et surtout le Pays basque où il est même plus fréquent. Il est charognard et opportuniste (petits rongeurs, oiseaux, insectes, poissons morts...). Il est sédentaire dans le Pays basque, où sa population hivernale s'accroît des migrateurs venus du nord.

Le Milan noir

Il a également la queue en V typique des milans, mais moins marquée que celle du Milan royal, et pas toujours visible quand sa queue est étalée en vol. Il est plus svelte et plus foncé, sans tache blanche sous les ailes. Également charognard et opportuniste, il a une prédilection pour les dépotoirs et les poissons morts. Il se rencontre principalement près des bords de rivières et des plans d'eau. Migrateur, il arrive chez nous en mars et repart dès fin juillet.

La Buse variable

Avec ses ailes larges et sa queue carrée, sa silhouette trapue est caractéristique. On la voit souvent planer dans le ciel sans effort ou posée sur les piquets de clôtures. Elle est dite variable, car elle peut être très sombre comme très claire, avec une multitude de formes intermédiaires. Comme le faucon crécerelle, elle se nourrit principalement de petits rongeurs, mais a une alimentation plus opportuniste qui inclut d'autres petits mammifères, de gros insectes, des reptiles, des grenouilles, des cadavres écrasés sur les routes, des oisillons... Elle se fait souvent harceler par les corneilles quand elle passe au-dessus de leur territoire.

Le vol sur place, « en Saint-Esprit », caractéristique du Faucon crécerelle.

Le Faucon crécerelle

Il se reconnaît à ses ailes en faux, fines et étroites (contrairement à tous les autres qui ont le bout des ailes digité, plus carré ou plus rond) et à son vol sur place caractéristique, dit en Saint-Esprit. Ce vol stationnaire est très précieux pour les cyclistes car il indique avec précision la direction du vent (utilité toute relative, car une règle générale du cyclisme veut que le vent souffle toujours de face…). Il se nourrit essentiellement de petits rongeurs, sauf en ville où les moineaux constituent un tiers de son alimentation. Avec la buse, c'est le rapace le plus abondant partout en France.

Le Circaète Jean-le-Blanc

Beaucoup plus rare, sans être exceptionnel, en particulier dans le Quercy, le circaète se nourrit essentiellement de serpents. Comme son nom l'indique, il a le ventre blanc, et on pourra souvent l'identifier à son vol stationnaire caractéristique, qu'il est le seul à pratiquer avec le faucon crécerelle, dont la silhouette est totalement différente. C'est un migrateur qu'on pourra voir d'avril à septembre dans les habitats ouverts, chauds et riches en reptiles.

LA MARGERIDE

De Monistrol-d'Allier à Aumont-Aubrac

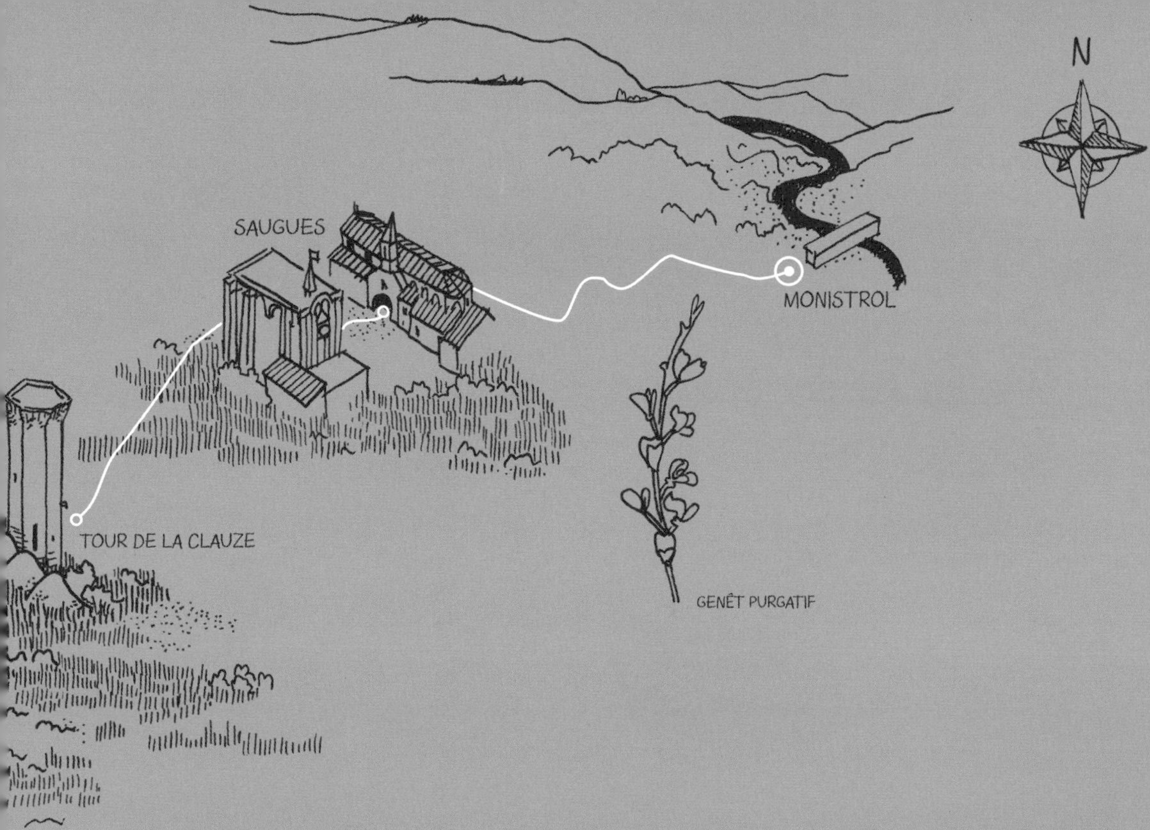

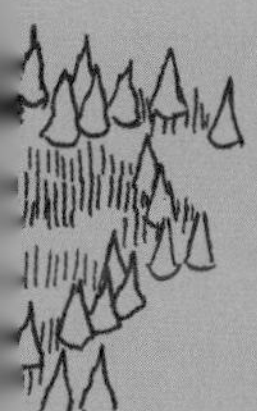

Passé l'Allier, le Chemin remonte sur le massif granitique de la Margeride qui forme un grand plateau doucement vallonné, situé à 1000-1200 m d'altitude, avec des sommets culminant à 1500 m. Le climat est de type montagnard, avec de la neige pouvant se maintenir plusieurs mois en hiver, et un sol granitique ; ces deux facteurs étant déterminants pour la végétation. Le paysage est dominé par les pâturages, avec une forte présence de forêts de pins sylvestres et de hêtres. Sur les sols rocheux ou délaissés, et le long des chemins, le genêt purgatif est omniprésent. Au printemps, son éclatante floraison jaune marque fortement le paysage.

Paysage typique au printemps : pâturages, forêts et genêts purgatifs

Gentiane jaune (Domaine du Sauvage en été)

Prairie sèche à armérias et pâturins bulbeux au printemps

Saugues

Chapelle Saint-Roch après le Domaine du Sauvage

Granite, Genêts purgatifs, Pins sylvestres : la belle trilogie de la Margeride.

UN PAYSAGE TOTALEMENT GRANITIQUE

Comme le basalte, le granite provient du refroidissement d'un magma, c'est-à-dire d'une roche en fusion formée en profondeur. Mais contrairement au basalte et aux autres roches volcaniques, ce refroidissement a eu lieu en profondeur, à 10 ou 20 km sous la surface, et très lentement, sous pression, ce qui a permis aux différents minéraux le constituant – quartz, micas, feldspaths... – de cristalliser complètement et de former des cristaux de grande taille, visibles à l'œil nu. Le granite constitue le socle commun, sur une épaisseur de 4 à 8 km, à la Margeride et à l'Aubrac. Il s'est formé, en profondeur, il y a plus de 300 millions d'années lors de la formation du massif hercynien et a été remonté en surface au moment de la surrection des Alpes, il y a une vingtaine de millions d'années.

Ferme construite en granite, comme la majorité des constructions de la Margeride (village de La Clauze).

INFLUENCE SUR LES PLANTES

Lorsqu'il affleure, le granite s'érode en boules, qui émergent des prés, et forme souvent des chaos de roches arrondies. Son altération donne naissance à un sol sableux acide. L'acidité du sol a pour conséquence de limiter la disponibilité des éléments minéraux essentiels aux plantes que sont l'azote, le phosphore et le potassium. Seuls certains types de plantes, acidiphiles, sont capables de s'y adapter. Parfois, indépendamment de l'acidité, c'est juste la nature sableuse du sol et son manque de capacité à retenir l'eau qui conditionne la présence de certaines plantes.

Les bords de chemins et les prairies au printemps

Dans la Margeride comme dans l'Aubrac, les prairies (et les bords de chemins correspondants) ont une flore bien spécifique selon qu'elles sont sèches, avec un sol très filtrant qui ne retient pas l'eau, ou fraîches, voire carrément humides, avec un sol plus épais qui retient mieux l'eau.

Prairie dans la vallée de la Seuge, après Saugues.

Pulmonaire : en raison des taches blanches de ses feuilles qui évoquent les tissus des poumons, elle était autrefois utilisée pour soigner les maladies respiratoires comme la tuberculose. Son efficacité n'a pas été démontrée.

LA THÉORIE DES SIGNATURES

Dès l'Antiquité, on a attribué aux plantes évoquant certaines parties du corps le pouvoir de soigner les maladies correspondantes : la pulmonaire les maladies respiratoires, l'hépatique les maladies du foie, la sanguisorbe les hémorragies... Au Moyen Âge, cette conviction a été théorisée au regard de la croyance chrétienne : tous les êtres vivants ont été créés par Dieu pour servir l'homme et Dieu a placé des signes sur ses créatures pour lui indiquer comment s'en servir. La forme révèle la fonction. Cette théorie a culminé à la fin du XVIe siècle avec Paracelse, médecin, philosophe, alchimiste suisse, puis a progressivement été abandonnée.

SUR LES SOLS MAIGRES ET SECS

Bordée par les genêts, cette prairie (photo page de gauche) est illuminée par les fleurs de Saxifrages granulées, d'Armérias et de Grands conopodes, toutes ces espèces se retrouvant sur le bord du chemin à côté.

Saxifrage granulée ou Saxifrage à bulbille
Saxifraga granulata
Omniprésente au printemps sur les bords de chemins, les pelouses maigres et les sols pauvres. Les racines produisent de nombreuses petites bulbilles très dures à la base de la tige qui lui permettent de se reproduire végétativement. En raison de la théorie des signatures (voir encadré ci-contre), on pensait autrefois que ces bulbilles, dures comme de la pierre, soignaient les calculs rénaux, d'où son ancien nom d'Herbe à la gravelle. D'où également son nom scientifique qui vient du latin *saxum*, rocher, et *frangere*, briser, et signifie briseuse de pierre. C'est la première plante du genre à qui Linné a donné ce nom, en référence à cette prétendue propriété médicinale. Ce qui est amusant, c'est que la plupart des autres espèces du genre *Saxifraga* poussent dans les fentes des rochers, justifiant à postériori leur nom latin.

Pâturin bulbeux
Poa bulbosa
Cette graminée très présente dans les prairies sèches et sablonneuses de la Margeride a la particularité d'avoir transformé ses épillets en bulbilles et de se propager ainsi végétativement, sans faire de graines. On la dit, pour cette raison, vivipare.

Arméria des sables
Armeria arenaria
Comme son nom l'indique, il pousse sur les sols sableux et est caractéristique des prairies sèches et rocailleuses de la Margeride et de l'Aubrac. C'est une des rares plantes que j'ai trouvée en fleur à la fois au printemps et en été.

Prairie du Domaine du Sauvage fin mai : Pensée des Vosges, Compagnon rouge et Saxifrage granulée y sont en fleurs. À cette altitude (1 300 m), les narcisses, dont on aperçoit le feuillage, ne le sont pas encore.

SUR LES SOLS FRAIS OU HUMIDES

Pensée des Vosges
Viola lutea
Cette jolie pensée est très marquante au printemps sur le bord des chemins de la Margeride et de l'Aubrac. Elle ne pousse que sur les sols acides du Massif central, où ses fleurs sont bleu violacé, et dans les Vosges, où ses fleurs sont généralement jaunes, d'où son nom latin *lutea* qui signifie jaune.

Compagnon rouge
Silene dioica
Le Compagnon rouge est souvent associé au Myosotis dans les fossés et les bords de chemins humides. Il est dioïque, c'est-à-dire que les fleurs mâles et les fleurs femelles sont portées par des pieds différents.

Orchis tacheté
Dactylorhiza maculata
Cette orchidée qui pousse aussi en plaine est très fréquente dans le Massif central. Ses feuilles sont tachetées.

Lychnis fleur-de-coucou
Lychnis flos-cuculi
De la même famille que le Compagnon rouge (Caryophyllacées, famille des œillets), il est commun à toutes les altitudes dans les prairies humides (dans la prairie humide à côté de la chapelle Saint-Roch).

Narcisse des poètes
Narcissus poeticus
L'Aubrac est réputé pour ses prairies de narcisses (voir p. 66), mais ceux-ci sont aussi très présents en Margeride.

Le domaine du pin sylvestre

Les forêts occupent la moitié de la surface de la Margeride et le Pin sylvestre en est l'espèce dominante. Il est autochtone de la région, bien adapté à ses conditions de sols et de climats difficiles, et se régénère naturellement. C'est l'arbre emblématique de la Margeride, apprécié et utilisé depuis toujours par ses habitants. Le hêtre, également autochtone, est très présent dans les forêts, ainsi que l'épicéa fréquemment planté.

Les pâturages de la Margeride sont souvent clairsemés de pins sylvestres, ce qui leur donne un petit air de campagne anglaise, les pins remplaçant les chênes.

LES ARBRES CARACTÉRISTIQUES DE LA MARGERIDE

Pin sylvestre
Pinus sylvestris
Il se distingue facilement des autres pins par la couleur orangée de la partie supérieure de son tronc, et de l'épicéa ou du sapin par son feuillage gris-vert et sa forme plus libre et plus arrondie. Les aiguilles, de 4 à 7 cm de long, sont groupées par deux, et de couleur verte tirant sur le bleu. Les cônes sont petits et arrondis.

Hêtre
Fagus sylvatica
Il est également autochtone et très présent en Margeride. Il ne pousse que dans les régions où les pluies sont suffisamment abondantes (plus de 750 mm/an), et l'humidité atmosphérique élevée. C'est l'arbre de montagne par excellence, entre 900 m et 1 500 m d'altitude, limité au-delà par le froid hivernal et supplanté par les conifères.

Épicéa
Picea abies
Originaire des Alpes et du Jura, il a été largement planté dans le Massif central. Son port est droit et conique, en sapin de Noël. Les aiguilles de l'épicéa sont courtes (1,5-2,5 cm) et disposées en écouvillon autour du rameau. Les cônes sont allongés et pendants.

Dans la Margeride, le Chemin traverse souvent des forêts de Pins sylvestres, facilement reconnaissables à la couleur orangée du haut de leurs troncs.

LES SOUS-BOIS ET LISIÈRES EN ÉTÉ

En raison de la nature granitique du sous-sol, on trouve dans les sous-bois de nombreuses plantes strictement acidophiles comme le Myrtillier ou la Digitale pourpre, mais aussi des plantes ayant une tolérance beaucoup plus large comme l'Épervière des murs ou l'Épilobe en épi.

Myrtillier en fleur (fin mai)

Myrtillier en fruit (mi-juillet)

Myrtillier
Vaccinium myrtillus
Il pousse sur sols acides en sous-bois, ci-dessus sous les hêtres avant d'arriver au Domaine du Sauvage. Les myrtilles, bien connues, sont comestibles et délicieuses (à ne pas confondre avec les myrtilles du commerce, plus grosses mais moins goûteuses, issues de la culture d'un myrtillier américain).

Épilobe en épi ou Laurier de Saint-Antoine
Epilobium angustifolium
Pionnière, elle colonise en grand nombre les coupes forestières, les lisières, puis disparaît à mesure qu'elle a moins de lumière. Présente partout sauf dans le Sud-Ouest, elle est plus particulièrement commune en montagne. Appelée Laurier de Saint-Antoine en raison de la ressemblance de ses feuilles avec celles du laurier, et du début de sa floraison autour du 13 juin, fête de la Saint Antoine de Padoue.

Épervière des murs
Hieracium murorum
C'est une composée commune dans les lisières des bois secs et lumineux sur sol acide. Après le Domaine du Sauvage, elle forme en juillet de grands tapis jaune lumineux dans le sous-bois d'épicéas (photo ci-dessus).

Doronic d'Autriche
Doronicum austriacum
Il préfère les situations plus humides et les ravins. En France, on le trouve essentiellement dans le Massif central.

Digitale pourpre
Digitalis purpurea
Elle a besoin de lumière et est caractéristique des coupes forestières et des clairières sur sols acides. On la retrouvera souvent sur le Chemin, notamment sur les rochers schisteux autour de Conques (voir p. 91) et jusque dans le Pays basque.

Les landes à genêt purgatif

Sur les sols granitiques superficiels, autour des chaos rocheux, mais aussi dans les pâturages abandonnés, se développe une lande dont l'espèce dominante est le genêt purgatif, particulièrement remarquable au printemps quand il est en fleur. La lande étant une formation végétale entre la forêt et la prairie, on y trouve souvent d'autres espèces ligneuses pionnières comme le sorbier des oiseleurs, l'alisier blanc, le genêt à balais, l'églantier, l'aubépine, le genévrier commun.

Le genêt purgatif (*Cytisus oromediterraneus*, syn. *Cytisus purgans*. En haut, au printemps ; en bas, en été.) est un genêt méditerranéen de montagne. On ne le trouve chez nous que dans le Massif central et les Pyrénées, sur les sols acides, sableux ou superficiels. Il est ici à la limite nord de son aire de répartition (Espagne, Portugal, Afrique du Nord). Il résiste bien à la sécheresse, mieux que le genêt à balais qui le supplante dans les sols plus profonds, plus humides. Ses graines étaient censées être purgatives, d'où son nom, mais cette propriété n'est pas reconnue de nos jours. En revanche, si son parfum n'est pas aussi puissant que celui du genêt d'Espagne, espèce typiquement méditerranéenne croisée plus loin dans le Quercy blanc, il est prégnant et agréable.

GENÊTS PURGATIFS OU À BALAIS ?

J'ai mis un certain temps, au printemps, à m'apercevoir que ces deux espèces coexistaient. Mais les différences me sont ensuite apparues clairement. Le genêt purgatif a un aspect beaucoup plus compact et ses fleurs sont beaucoup plus petites (voir photo). En été, les différences sont encore plus flagrantes, le genêt purgatif ayant un feuillage glauque, bleu-vert, très distinct.
Le genêt à balais (*Genista scoparius*) est le genêt le plus commun partout en France, sauf en région méditerranéenne et jusqu'à une altitude de 1 000 m. Il est ici à son altitude limite. C'est une plante pionnière de plein soleil qui préfère les sols acides et est nettement calcifuge. On utilisait autrefois ses rameaux pour confectionner des balais grossiers.

Fleur de genêt à balais

Fleur de genêt purgatif

Genêt à balais (à gauche) et Genêt purgatif (à droite). En haut au printemps, en bas en été.

Saugues, avec sa Tour des Anglais, son monument aux morts et son église Saint-Médard. De 1764 à 1767, la bête du Gévaudan fit une centaine de victimes dans la région, femmes et enfants uniquement, et traumatisa durablement la population.

Choucas des tours

Corneille noire

LES CHOUCAS DES TOURS

La Tour des Anglais à Saugues abrite une belle colonie de Choucas des tours. C'est le plus petit de nos corbeaux. On le confond souvent avec la corneille, mais il est plus petit et, de près, s'en distingue facilement par sa nuque grise et ses yeux gris clair. Sur la place de l'église, on entendra fréquemment ses cris de contact très caractéristiques, qui sont des « kiaa kiaa » assez aigus, très distincts des « croâ croâ » graves de la corneille. Les choucas forment, au sein de la colonie, des couples unis à vie.
Il porte bien son nom car il affectionne particulièrement les tours des vieux châteaux et les clochers des églises, dans lesquels il trouve les cavités dont il a besoin pour nicher. On en reverra une belle colonie un peu plus loin sur la Tour de La Clauze.
Il n'a rien à voir avec l'oiseau que les montagnards appellent choucas, qui est, en fait, le Chocard à bec jaune, un autre corvidé vivant exclusivement en haute montagne dans les Alpes et les Pyrénées.

TROIS ARBUSTES TYPIQUEMENT MONTAGNARDS

Sorbier des oiseleurs
Sorbus aucuparia
Petit arbre de la famille du pommier (Rosacées), il demande une forte humidité atmosphérique, avec des précipitations annuelles supérieures à 700 mm. Pour cette raison, il se plaît particulièrement dans les montagnes (Massif central, Alpes, Pyrénées) où on le trouve en forêt, dans les landes et les lisières. Ses petits fruits rouges, très beaux en automne et en hiver, sont certes comestibles cuits, mais amers et acides. Il vaut mieux les laisser aux oiseaux qui en sont très friands, les grives en particulier. Pour mémoire, on appelait autrefois *oiseleur*, « celui qui fait métier de prendre des oiseaux à la pipée, au filet et autrement »[1]. (La pipée était une méthode de chasse, basée sur l'antipathie naturelle des oiseaux pour les rapaces nocturnes, qui consistait à imiter le cri de la chouette pour les attirer sur des branches enduites de glu).

Alisier blanc
Sorbus aria
C'est également un sorbier comme le précédent, mais ses feuilles sont entières et facilement reconnaissables à l'aspect argenté de leur revers. Sa répartition particulière est dite bimodale. On connaît en effet deux populations distinctes : une qui pousse sur les sols acides des forêts de montagne, comme ici ; une autre sur les sols basiques calcaires, comme dans les chênaies pubescentes du Quercy (voir p. 106). Ses baies sont comestibles, quoiqu'astringentes. Crues, elles sont utilisées contre la diarrhée.

Sureau de montagne ou Sureau à grappes, Sureau rouge
Sambucus racemosa
Petit arbuste qui a besoin d'humidité et de fraîcheur et qu'on rencontre pour cette raison en montagne (et dans le nord-est de la France). Ses fruits sont rouge vif à maturité, et pas noirs comme ceux du Sureau noir. Ses fruits crus sont toxiques (vomissements). Cuits, quelques usages sont rapportés, mais sans intérêt notoire.

1 Dictionnaire de l'Académie française, 1778

Le Sorbier des oiseleurs est souvent planté comme arbre d'ornement en ville, comme ici à Saugues.

La Tour de La Clauze, entre Saugues et Chanaleilles,
donjon vestige d'un château du XIIIe siècle.

Les bords de chemins et les prairies en été

Sur ce sol sableux acide, issu de l'altération du granite, pousse une végétation caractéristique. Ici des Séneçons à feuilles d'adonis et des Œillets du granite (chemin avant d'arriver à Saugues).

LE SEIGLE

Encore cultivé de nos jours en Margeride, le seigle est la céréale la mieux adaptée aux terres pauvres et acides et aux régions froides. Il a été très cultivé dans tout le Massif central, en particulier sur les terres peu fertiles qu'on appelait pour cette raison ségalas (de l'occitan *segal*, le seigle). En Margeride, sa culture était autrefois pratiquée d'une façon particulière, en alternance avec des plantations de pins sylvestres. (Champ entre La Clauze et Chanaleilles).

DES FLEURS CARACTÉRISTIQUES DES SOLS SABLEUX ACIDES

Galéopside des champs
Galeopsis segetum
Fréquente dans le Massif central, très rare ailleurs, cette jolie fleur de la famille des Labiées aime les sols acides sableux ou rocailleux. Elle peut avoir les mêmes usages que le *Galeopsis tetrahit* (voir p. 22).

Séneçon à feuilles d'adonis
Jacobaea adonifolia
Ce cousin du Séneçon jacobée pousse en Espagne et en France dans les mêmes milieux que le genêt purgatif auquel il est souvent associé. Ses feuilles filiformes ressemblent à celles des Adonis.

Œillet du granite
Dianthus granitius
Cet œillet est très localisé autour du Massif central sur les sols et les rochers siliceux. Il ressemble beaucoup, à première vue, à l'œillet des chartreux, *Dianthus carthusianorum*, beaucoup plus répandu et qui pousse sur les sols calcaires.

Œillet en delta
Dianthus deltoides
Autre œillet de sols acides, plus répandu que le précédent, dans les prairies sèches de montagne. Ses fleurs rouges présentent un cercle plus foncé autour du centre avec des petits points blancs. Ce cercle plus sombre a été vu par les botanistes férus de grec ancien comme une succession de deltas (V inversé), d'où son nom. (Chemin avant Le Sauvage).

Jasione lisse
Jasione laevis
Cette jolie fleur de la famille des campanules est commune en montagne dans le Massif central et les Pyrénées sur les pelouses acides. Elle est vivace et possède des stolons, contrairement à la Jasione de montagne qu'on rencontre aussi en plaine sur les rochers siliceux (voir schistes autour de Conques, p. 95). Elles se ressemblent beaucoup.

Et aussi :
Arméria des sables
(voir p. 43)

AUTRES FLEURS D'ÉTÉ COMMUNES

Ces fleurs, abondantes dans la Margeride et l'Aubrac, ne sont cependant pas spécifiques à ces régions.

Achillée millefeuille*
Achillea millefolium
Elle est omniprésente en été le long des chemins.

Gaillet jaune ou Caille-lait jaune
Galium verum
Très commune en été sur les sols assez secs, qu'ils soient acides ou basiques. Elle était utilisée autrefois pour faire cailler le lait (d'où son nom *Galium*, de *gala*, le lait). Moins efficace que la présure extraite de l'estomac des veaux, certains fromagers cherchent à utiliser à nouveau le gaillet jaune pour la remplacer, avec plus ou moins de succès.

Bleuet
Cyanus segetum
Plante messicole (qui accompagne la culture des céréales), le bleuet est devenu rare en plaine mais reste assez commun en montagne dans le Devès ou la Margeride. Médicinales, ses fleurs séchées sont utilisées, entre autres, pour soigner les problèmes d'yeux (inflammations, orgelets…).

Campanule à feuilles rondes
Campanula rotondifolia
Cette petite campanule a une très large amplitude : elle aime aussi bien les sols assez secs et filtrants, comme ici, que les sols plus frais. On la croise souvent sur le Chemin. Comme toutes les campanules, ses fleurs sont comestibles et très appréciées pour décorer les salades.

Mauve musquée
Malva moschata
Cette jolie mauve, proche de la Grande mauve* (*Malva sylvestris*), plus commune en plaine, préfère les prairies maigres acides. Elle s'en distingue par son feuillage plus découpé. Les fleurs et les jeunes pousses fanées dégagent une légère odeur de musc. Comme toutes les mauves, ses fleurs sont comestibles et du plus bel effet sur les salades.

Thym faux pouliot ou Thym de bergère
Thymus pulegioides
Proche du Serpolet (*Thymus serpyllum*), avec lequel il est souvent confondu. Il s'en distingue par ses tiges carrées aux arêtes velues. La distinction n'est pas toujours évidente.

La Margeride en été.

Buron dans la plaine du Sauvage.

L'AUBRAC

D'Aumont-Aubrac
à Saint-Côme-d'Olt

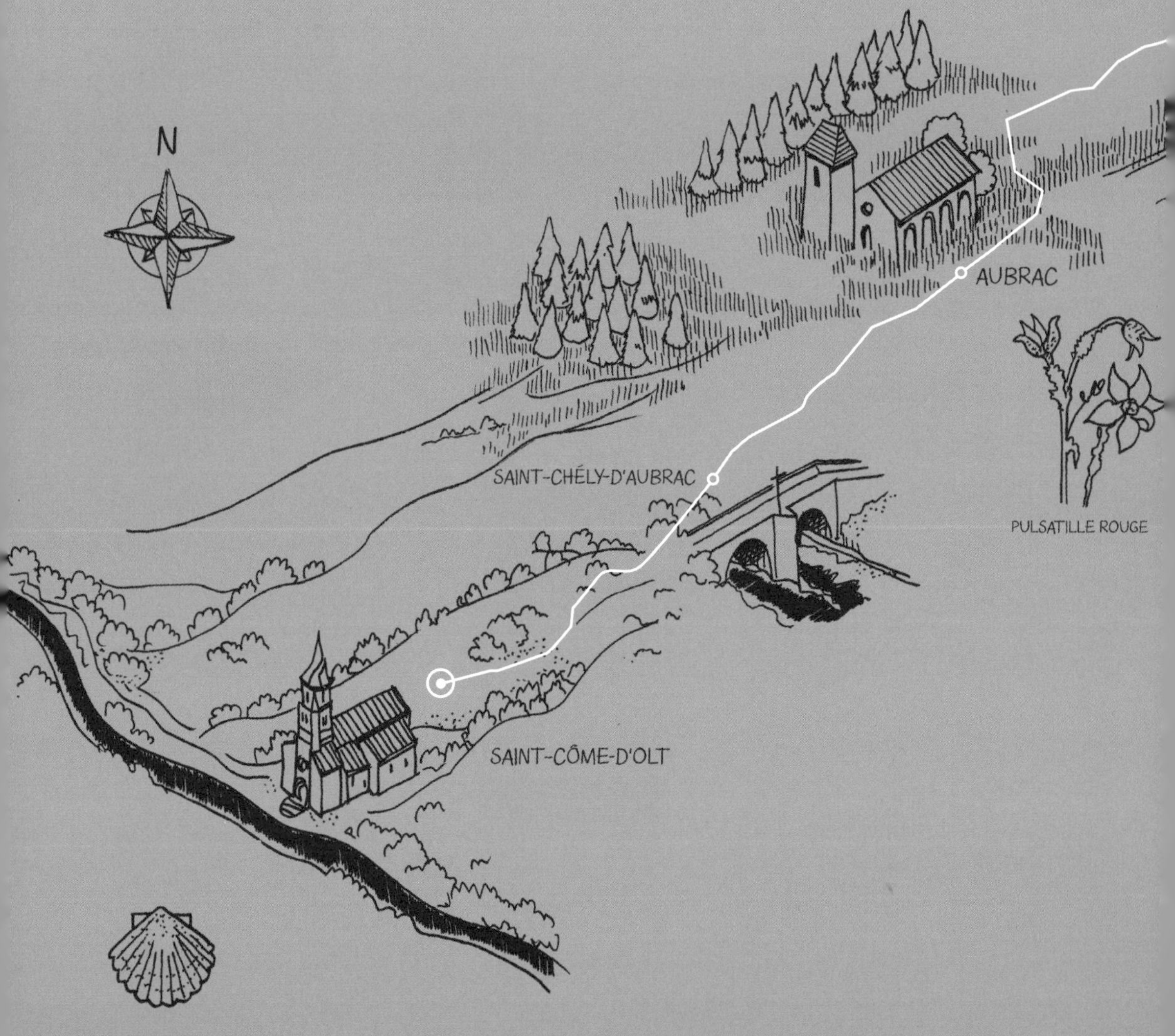

Après Aumont-Aubrac, le Chemin remonte progressivement sur le haut plateau de l'Aubrac qui ondule ensuite à perte de vue à une altitude à peu près constante de 1 200 m. Comme la Margeride, son climat est rude et son sol granitique, tout au moins dans la partie traversée par le Chemin. On y rencontre la plupart des plantes croisées précédemment. Mais le paysage est ici totalement différent, dominé par des prairies d'altitude, sans arbres ou presque, lui donnant un air de steppe à l'horizon dégagé. La forêt, absente du plateau, est reléguée sur les contreforts.

Comme en Margeride, les sommets où le granite affleure sont occupés par une lande à genêts purgatifs.

Croix à Rieutort-d'Aubrac
en allant vers Marchastel.

Les murets de granite marquent le paysage.

Le Chemin est particulièrement fleuri en été.

Jasione

UN PAYSAGE DE STEPPE

Cet aspect de steppe doit tout à l'action des hommes. Les steppes véritables, naturellement dépourvues d'arbres, ne reçoivent en moyenne que 250 à 500 mm de pluie par an, ce qui est loin d'être le cas pour le plateau d'Aubrac qui, soumis à l'influence atlantique, en reçoit plus de 1 300 mm à Nasbinals.

À cette altitude, la forêt de hêtres constituerait la végétation naturelle si les éleveurs n'avaient pas privilégié pour leur bétail, et systématiquement entretenu, ces pâturages ouverts. Vue du plateau d'Aubrac fin mai depuis le Col d'Aubrac (1 340 m).

Le Bès est une rivière emblématique du plateau qu'on croise après Rieutort-d'Aubrac et que l'on traverse sur le pont de Boukinkan.

Vue du plateau d'Aubrac et du village de Marchastel, en été, depuis la cascade du Déroc. Au premier plan, des Genêts purgatifs.

Les vaches de race Aubrac, avec leurs beaux yeux noirs cernés de blanc, sont indissociables du plateau de l'Aubrac où elles passent la belle saison à partir de la fin mai. Le maintien de prairies naturelles permanentes contribue beaucoup à la richesse en plantes à fleurs de l'Aubrac. Cette diversité est parfois menacée quand ces prairies naturelles sont remplacées par des prairies artificielles et fertilisées avec des engrais azotés.

DANS LES PRAIRIES HUMIDES AU PRINTEMPS

Comme en Margeride, les prairies gorgées d'eau au printemps abritent une flore particulière. En été, elles sont généralement fauchées.

Narcisse des poètes
Narcissus poeticus
Une des stars de l'Aubrac. Son parfum unique reste très apprécié en parfumerie et sa récolte est une spécialité de l'Aubrac. On ne cueille que les fleurs, au râteau ou avec de petites cueilleuses automotrices. Rapidement transportées tout près, dans une usine d'Aumont-Aubrac, les fleurs sont concentrées en concrète — il faut 500 kg de fleurs pour faire 1 kg de concrète —, envoyée ensuite à Grasse pour sa transformation finale en absolu.

Jonquille
Narcissus pseudonarcissus
En plaine, on la trouve très tôt au printemps dans les sous-bois, ici dans les prairies humides. Elle fleurit dans les mêmes milieux que le narcisse mais plus tôt dans la saison.

Cardamine des prés
Cardamine pratensis
C'est une bonne plante sauvage comestible, dont les feuilles en rosette se mangent en salade ou dans des soupes, mais avant la floraison. Après, elles sont trop amères. Elle a une saveur de cresson amer. Les fleurs peuvent aussi servir de décoration piquante aux salades.

Populage des marais
Caltha palustris
Elle pousse partout en France dans les milieux très humides, les marais et les bords de rivières. C'est une cousine des renoncules, toxique, comme toutes les plantes de cette famille.

Fritillaire pintade
Fritillaria meleagris
Discrète et rare, il a fallu que j'aille me mouiller les pieds dans la prairie humide pour tomber dessus par hasard. Elle a besoin de prairies humides non fertilisées et fauchées tardivement, ce qui est de plus en plus rare en plaine. L'Aubrac est l'un de ses derniers refuges.

Voir ces prairies de narcisses sauvages en fleurs était un de mes objectifs principaux lorsque j'ai fixé la date de mon départ du Puy à fin mai. Objectif atteint le 23 mai. Même sous un ciel plombé et une météo aléatoire, la magie opère (entre Rieutort-d'Aubrac et le pont de Boukinkan).

Prairie de Cardamines. Très commune partout en France au printemps, sa floraison rose pâle illumine les prés humides. En été, les Gentianes jaunes, dont on voit les rosettes de feuilles au premier plan, viendront prendre ici le relai. (Près de Montgros, peu avant Nasbinals).

Pulsatille rouge

TROIS PLANTES SPÉCIFIQUEMENT MONTAGNARDES

Pulsatille rouge
Pulsatilla rubra
Avec ses pétales pourpres veloutés, c'est une des plus jolies fleurs printanières de l'Aubrac. Endémique du Massif central, on la trouve sur les prairies et les landes sèches. En été, ses fruits plumeux argentés se remarquent de loin.

Orchis sureau
Dactylorhiza sambucina
Orchidée des pâturages de montagne et des landes à genêts de l'Aubrac et de la Margeride (aussi bien sur granite que sur basalte). Il a une odeur de sureau. Ses fleurs sont jaunes ou roses, souvent en mélange dans la même population.

Pensée des Vosges
Viola lutea
Tout comme dans la Margeride, la Pensée des Vosges, caractéristique des pelouses acidophiles montagnardes, est omniprésente dans l'Aubrac.

Au printemps, la Pulsatille rouge se rencontre dans les prairies maigres (où le granite du sous-sol n'est pas très loin), ici avec des Saxifrages granulées. En arrière-plan, une lande à Genêts purgatifs. (Sur le Chemin après Rieutort d'Aubrac).

Sur la route entre Malbouzon et Rieutort-d'Aubrac

Les Gentianes jaunes sont abondantes l'été.

On retrouve, en été, sur le bord du Chemin, dans l'Aubrac, la plupart des fleurs rencontrées en Margeride, comme ici le Gaillet jaune et la Pensée des Vosges, mais aussi le Séneçon à feuilles d'adonis, la Jasione lisse, la Campanule à feuilles rondes, la Centaurée jacée, l'Œillet en delta, etc.

LE BORD DES CHEMINS EN ÉTÉ

Gentiane jaune
Gentiana lutea
Très présente en Aubrac. Elle met dix ans à fleurir et peut vivre une soixantaine d'années si on ne déterre pas sa racine qui sert à fabriquer l'apéritif amer bien connu. Sa cueillette est en conséquence très réglementée.

Gentiane des champs
Gentianella campestris
De la même famille que la Gentiane jaune, cette gentianelle est une plante de montagne. La gorge de la corolle est bordée de longues franges la protégeant de la visite des insectes indésirables. Seuls les bourdons et les papillons munis d'une trompe assez longue sont autorisés à accéder au nectar.

Centaurée jacée*
Centaurea jacea
Parmi les centaurées croisées sur le Chemin, c'est celle dont les fleurons externes de la fleur sont les plus développés. Ses feuilles sont entières et non divisées comme celles de la Centaurée scabieuse (voir p. 212). Elle est fréquente partout en France dans les prés et les bords de chemins.

Euphraise officinale ou Casse-lunettes
Euphrasia officinalis
Cette toute petite plante, qui passe souvent inaperçue, mérite toute notre attention tant sa fleur est gracieuse. De la famille des orobanches, elle est semi-parasite et suce la sève d'autres plantes de la prairie. Au XVIe siècle, les herboristes l'utilisaient contre les inflammations oculaires, d'où son petit nom.

Linaire rampante
Linaria repens
Une linaire typiquement auvergnate sur sols acides sableux ou rocheux. On la recroisera sur les rochers schisteux près de Conques.

Genêt des teinturiers
Genista tinctoria
Sous-arbrisseau rampant des prairies maigres. Très riche en flavonoïdes, ces molécules qui permettent d'obtenir le jaune, le genêt des teinturiers était autrefois utilisé pour teindre la laine et le lin, en particulier dans les débuts de l'industrie textile anglaise.

DEUX PLANTES EMBLÉMATIQUES DE L'AUBRAC

Je ne les ai malheureusement pas croisées sur mon chemin, sans doute parce que leur habitat naturel ne correspond pas tout à fait aux milieux traversés par le GR, mais peut-être aussi parce que je ne suis pas passé au bon endroit ou que j'ai tout simplement mal regardé...

Thé d'Aubrac ou Calament à grandes fleurs
Calamintha grandiflora
Il appartient à la famille des Labiées, comme les menthes, les sauges ou le thym, et procure une infusion au goût subtil, réputée pour ses vertus relaxantes. En Aubrac, il fleurit en été dans les hêtraies d'altitude. Face à une demande croissante, et pour éviter sa raréfaction dans la nature, il est aujourd'hui souvent cultivé par de petits producteurs locaux. On le trouve aussi dans les Alpes et les Pyrénées.

Cistre ou Fenouil des montagnes
Meum athamanticum
Mise à l'honneur par Michel et Sébastien Bras à Laguiole, qui l'utilisent dans toute leur cuisine et ont fait de sa feuille, finement découpée, l'emblème de leur restaurant. Ils récoltent cette ombellifère sauvage (de la famille de la carotte), au goût légèrement anisé, dans les pâturages d'altitude. On la trouve également dans toutes les prairies d'alpage des Alpes, des Pyrénées ou des Vosges.

Le passage du ruisseau entre Le Moulin de la Folle et Ferluc donne l'occasion d'observer quelques plantes caractéristiques des sols marécageux, dont la Reine-des-prés* (à droite), l'Achillée sternutatoire et le Comaret.

Juste avant de plonger vers le village d'Aubrac et la vallée du Lot, la bordure du plateau d'Aubrac est occupée par une forêt de hêtres, avec ici, au milieu, une petite plantation d'épicéas, au feuillage sombre.

La Dômerie d'Aubrac se découvre au détour du Chemin telle qu'elle pouvait apparaître au pèlerin lors de sa fondation au XIIe siècle.

LA VALLÉE DU LOT & LE SÉGALA DE CONQUES

De Saint-Côme-d'Olt
à Figeac

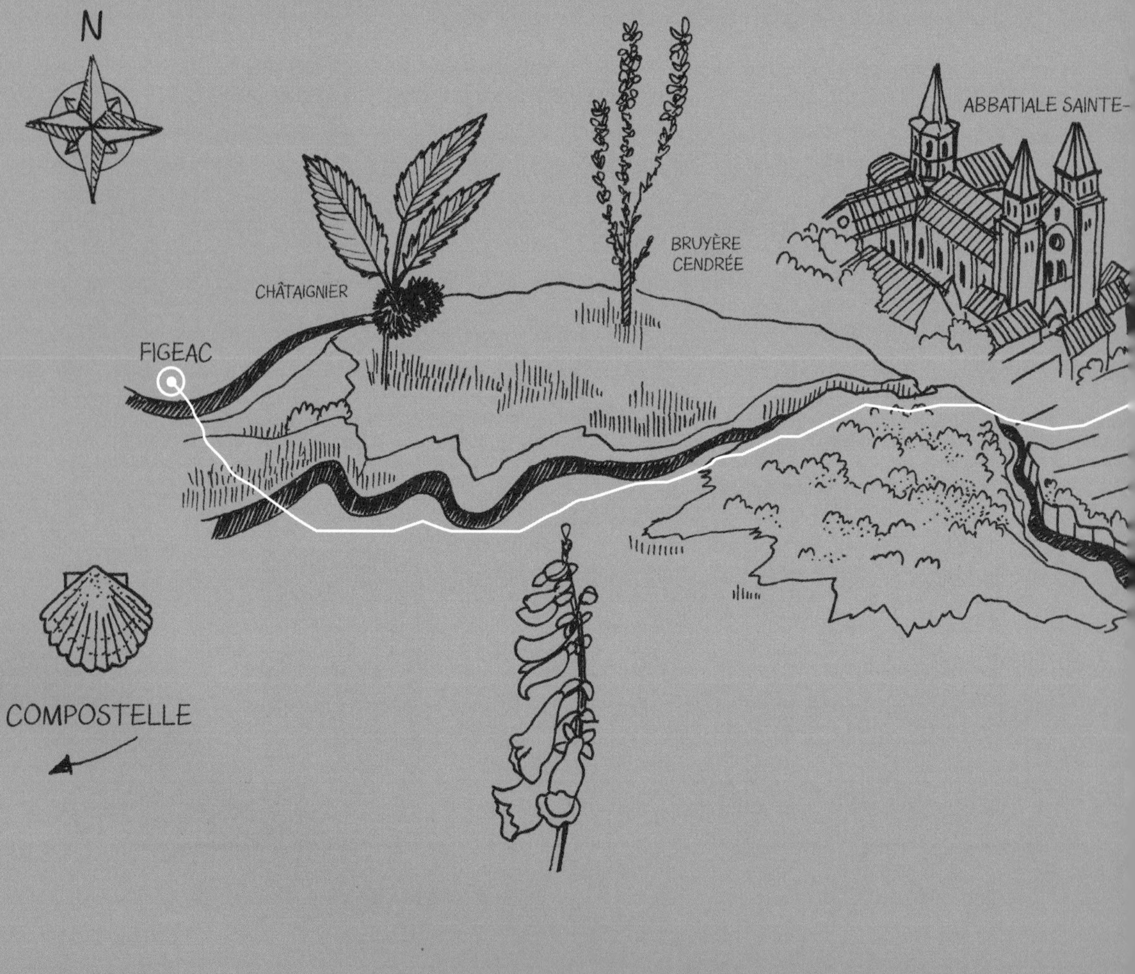

Adieu le climat de montagne. Du plateau d'Aubrac jusqu'à la vallée du Lot, à Saint-Côme-d'Olt, le Chemin perd 1 000 m d'altitude. Le Chemin suit d'abord la vallée fertile du Lot le long de forêts et de prés ombragés, passant par quelques-unes des plus belles villes et églises, remarquables par leur architecture de grès rouge. Puis il monte, au-dessus des gorges granitiques du Lot, dans le Ségala de Conques, un des hauts lieux du pèlerinage. Le paysage y est alors contrasté, alternant entre vallées profondes aux versants sauvages et boisés, et plateaux cultivés aux terres acides, qui ne se prêtaient guère autrefois qu'à la culture du seigle (*segal* en occitan).

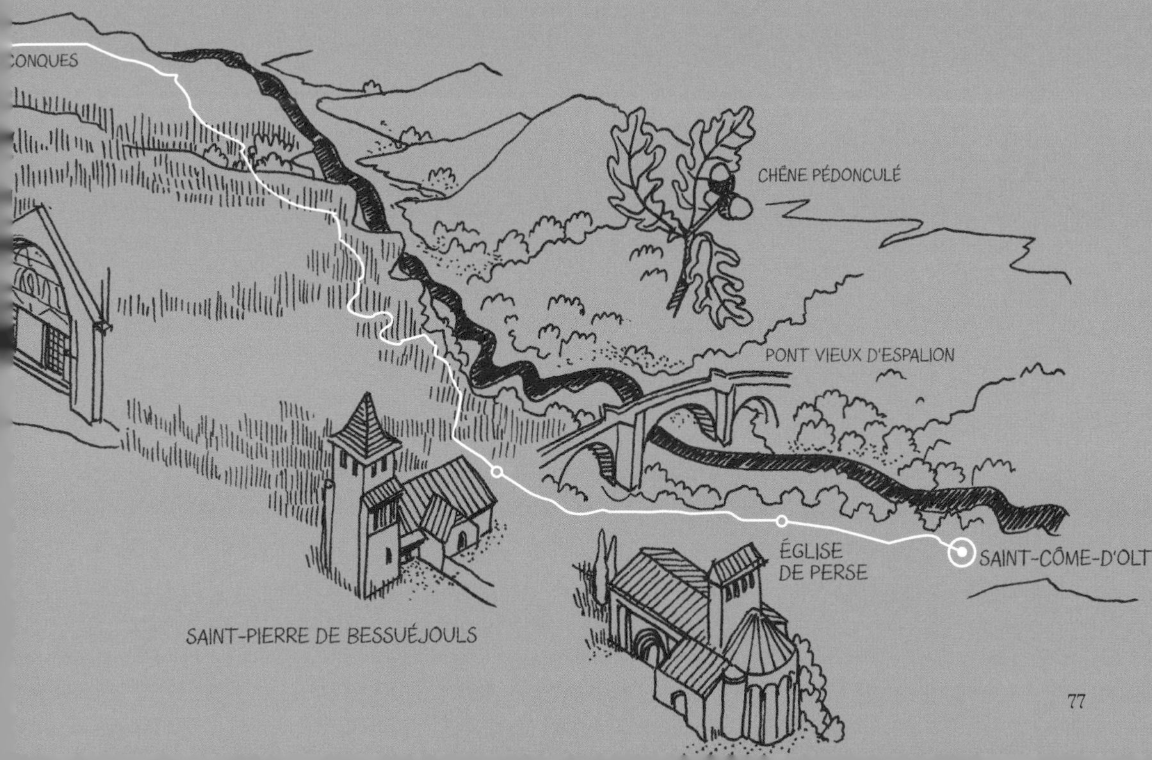

La vallée du Dourdou qui coule au pied de Conques.

Jasione

Pont des Romieux (des pèlerins) à Conques

Conques

Pèlerin dans la lande à bruyères

Petit matin sur la vallée du Lot à Saint-Côme-d'Olt.

Saint-Côme-d'Olt et sa fameuse église au clocher tors (en spirale).

LE PAYS DES GRÈS ROUGES ET DES SCHISTES

Si la flore le long du Lot et des plateaux cultivés est une végétation classique de plaine, on trouve sur les coteaux et les crêtes, où les schistes affleurent, une végétation de terre acide bien particulière, marquée par les forêts de châtaigniers et les landes à bruyères.

Église Saint-Pierre de Bessuéjouls, peu après Espalion.

Les grès rouges du Permien

Le grès rouge a servi de pierre de taille aux plus belles constructions de la région (église de Perse, Pont Vieux d'Espalion, église Saint-Pierre de Bessuéjouls...). Ce sont des roches sédimentaires très anciennes qui résultent de l'érosion du Massif central et du dépôt de ces sédiments au fond de grands lacs. Ils datent du Permien, période ayant suivi le Carbonifère, il y a 290 millions d'années. Leur couleur rouge est due à l'oxydation du fer sous le climat chaud qui régnait alors. On le retrouve affleurant dans l'Aveyron, dans les régions appelées rougiers. Il est formé de grains de sable de quartz qui donnent naissance à un sol acide.

DANS LA VALLÉE DU LOT

Entre Saint-Côme-d'Olt et Estaing, les sols sont bien constitués, neutres ou légèrement basiques. On y rencontre des plantes ordinaires, classiques de lisières et de haies, les pieds au frais, et de bords de chemins, au soleil.

Église de Perse à Espalion

Le Chêne pédonculé (*Quercus robur*) est le principal arbre des forêts de feuillus qui couvrent les collines du Chemin depuis la descente de l'Aubrac jusqu'au Pays basque, à l'exception des régions calcaires du Quercy et du Gers, où le Chêne pubescent le remplace.

LES ARBUSTES LES PLUS COMMUNS DES LISIÈRES ET DES HAIES

Hormis le prunellier qui fleurit en tout début de printemps, ces arbustes fleurissent tous en mai-juin. Ils sont communs dans toute la France.

Aubépine

Prunellier

Cornouiller sanguin

Sureau noir
Sambucus nigra
Très fréquent sur les sols riches en azote. On produit avec ses fleurs un pétillant de sureau facile à préparer et réellement savoureux (contrairement à de nombreuses plantes sauvages comestibles un peu survendues). Ses fruits, cuits, sont aussi comestibles de diverses façons (crus, ils peuvent provoquer des diarrhées et des vomissements). Il ne faut pas le confondre avec le sureau yèble, toxique (voir p. 153).

Aubépine ou Épine blanche,
par opposition à l'Épine noire
Crataegus monogyna
L'aubépine a été l'arbuste de prédilection pour créer des haies. Ses fruits, les cenelles, ont joué un rôle alimentaire important dans la Préhistoire mais leur intérêt est aujourd'hui, disons-le, médiocre. C'est cependant un arbuste qui a joué un grand rôle dans la vie des campagnes, chargé de pouvoirs surnaturels. On en a fait l'arbuste dont a été tirée la couronne du Christ et ses fleurs un symbole de pureté et de chasteté, consacré à la Vierge Marie.

Prunellier ou Épine noire
Prunus spinosa
Il fleurit en tout début de printemps et n'est plus en fleur en mai-juin, mais impossible de ne pas le mentionner ici, tant il est indissociable des lisières et des haies. Il faut attendre les premières gelées pour que les prunelles perdent leur amertume. Elles sont alors comestibles comme des petites prunes, crues ou cuites. Dans le Hurepoix, les prunelles sèches étaient autrefois vendues sous le nom de daguenelles pour en faire « une boisson tonique appréciée des habitants ». Les prunelles sont encore utilisées dans le Pays basque pour fabriquer le Patxaran.

Cornouiller sanguin
Cornus sanguinea
Ses rameaux et ses feuilles prennent une couleur rouge intense dès la fin de l'été, d'où son nom. Les cornouilles, ses fruits noirs, sont trop amères pour être mangées crues. Cuites, elles restent très amères, mais certains leur trouvent une utilisation pour faire des confitures, des jus, des alcools… en association avec d'autres fruits (de la pomme sans doute). Les nervures arquées de ses feuilles sont caractéristiques.

La Marguerite (*Leucanthemum vulgare*), star des campagnes, fleurit à partir de la fin du printemps. Son nom vient du latin *Margarita* qui signifie perle, sans doute en raison de la blancheur éclatante de ses pétales. Du XIIe au XVIIIe siècle, Marguerite a été le prénom féminin le plus fréquent en France, après celui de Marie, car on le donnait aux petites filles dont l'accouchement s'était bien passé, en remerciement à sainte Marguerite, patronne des femmes en couches. En voulant photographier cet insecte posé sur une marguerite, je me suis aperçu qu'il venait d'être capturé par une araignée. Il s'agit de la Thomise ou Araignée crabe. Cette araignée mimétique peut être entièrement jaune ou blanche, en fonction de la couleur de la fleur sur laquelle elle se dissimule, pour chasser à l'affût. Une redoutable prédatrice ! La nature n'est pas toujours aussi bienveillante qu'on se l'imagine, et il me revient en mémoire cette remarque de Cioran : « Tout ce qui relève de la biologie justifie avec une égale force l'émerveillement et le cynisme ».

LES FLEURS DES LISIÈRES FRAÎCHES

Valériane officinale ou Herbe-aux-chats
Valeriana officinalis
Ses propriétés médicinales sont bien connues. Les infusions de racines combattent la fatigue nerveuse, les angoisses et procurent le sommeil. Elle fait partie, avec la Cataire (*Nepeta cataria*), le Marum (*Teucrium marum*) et quelques autres, des plantes qu'on appelle communément Herbe-aux-chats, en raison des molécules euphorisantes qu'elles dégagent et qui induisent chez 70 % des chats des comportements à caractère sexuel. À ne pas confondre avec les herbes-à-chat du commerce qui sont généralement des graminées que les chats aiment manger pour se purger, mais qui n'ont pas les mêmes effets comportementaux.

Géranium noueux
Geranium nodosum
Forestier et plutôt montagnard. Il est commun dans les Pyrénées, mais assez rare dans le Massif central et les Alpes. De fait, je ne l'ai rencontré que du côté de Saint-Côme-d'Olt et de Conques.

Raiponce en épi
Phyteuma spicatum
Les fleurs de l'épi sont curieuses à observer. Elles sont composées de cinq pétales soudés en corne qui s'ouvrent progressivement par les côtés pour laisser sortir les étamines, tout en restant soudés par le haut. Celui-ci est transpercé par un long style bifide. Les inflorescences non ouvertes (cuites à la vapeur une minute) et les jeunes feuilles printanières permettent, selon Merett Bissegger, « de préparer l'une des salades les plus exquises qu'on puisse trouver dans la nature »[1].

1 Meret Bissegger, Hans Peter Siffert , *La Cuisine des plantes sauvages*, Ulmer, 2022, p. 215.

Orchis militaire
Orchis militaris
Sa fleur a un peu une forme humaine, surmontée de deux sépales en forme de casque, d'où son nom (mais c'est aussi le cas de beaucoup d'autres orchidées). Elle n'est pas rare.

Mélitte à feuilles de mélisse
Melittis melissophyllum
On la trouve sur les sols frais plutôt calcaires. En tisane, elle a des vertus diurétiques et dépuratives (qui purifient l'organisme).

AUTOUR DE CONQUES

Ce sont les schistes qui dominent. Sur les affleurements rocheux et sur les sols acides qui en sont issus poussent des plantes nettement acidophiles (châtaigniers, genêts, bruyères...). Les schistes sont des roches métamorphiques, c'est-à-dire des roches préexistantes qui, sous l'effet de fortes pressions et températures, se sont déformées et ont recristallisé. Le phénomène se caractérise par un clivage de la roche en feuillets, perpendiculaires à la pression maximum. Les gneiss et les schistes sont parmi les principales roches métamorphiques du Massif central.

Calvaire dans la vallée du Dourdou au pied de Conques

Les schistes autour de Conques sont des micaschistes. Finement feuilletés, de couleur gris-noir, ils sont constitués de micas très fins, invisibles à l'œil nu, qui leur donnent un aspect luisant. Des veines de quartz blanc sont bien visibles.

Vue sur Conques depuis la montée de la chapelle Sainte-Foy : un bijou médiéval dans un écrin de verdure

Conques et son abbatiale Sainte-Foy

LES MURS DES VILLES

Les murs constituent des biotopes particuliers sur lesquels poussent un petit nombre de plantes caractéristiques, qu'on va retrouver constamment dans les villes et les villages traversés. Les botanistes les appellent chasmophytes, c'est-à-dire des plantes qui vivent dans les fissures des roches ou les fentes des murs.

Paroi rocheuse sur le côté de l'abbatiale à Conques (Vergerette des murailles, Ruine-de-Rome, Pariétaire de Judée, Centranthe rouge).

Corydale jaunâtre
Pseudofumaria alba
Originaire du sud-est de l'Europe, c'est une jolie plante de jardin qui s'est largement naturalisée sur les murs. Ce sont les fourmis qui transportent ses graines dans les fissures des murs. Moins fréquente que les suivantes, je ne l'ai rencontrée que sur les murs de Saint-Cirq-Lapopie fin mai.

Ruine-de-Rome ou Linaire cymbalaire
Cymbalaria muralis
Très fréquente partout en France, bien qu'elle soit originaire du Bassin méditerranéen, ce dont son nom, Ruine-de-Rome, garde le souvenir. Son extension est due à sa culture passée en tant que plante ornementale mais aussi médicinale (contre la gale et le scorbut).

Vergerette des murailles
Erigeron karvinskianus
Originaire du Mexique et d'Amérique centrale, elle est cultivée en France depuis la moitié du XIXe siècle pour ses qualités ornementales et sa longue floraison de mai jusqu'à l'automne. Elle s'est largement naturalisée sur les murs et les rochers.

Pariétaire de Judée
Parietaria judaica
Elle ne pousse que sur les murs (d'où son nom : pariétaire, qui croît sur les parois). Elle est très fréquente partout en France, mais on la remarque rarement car ses fleurs verdâtres sont insignifiantes. Son qualificatif de Judée pourrait laisser imaginer qu'elle a été ramenée de Palestine dans les bagages d'un preux chevalier revenant de croisade. Il semble plutôt que ce nom lui a été donné en 1756 par Linné, dans sa *Flora Palaestina*, simplement parce que le spécimen sur lequel il s'est basé provenait de cette région. Elle a des vertus médicinales, peut se manger en salade (on l'appelle aussi Épinard de muraille) et, riche en silice, s'utilisait pour récurer la vaisselle.

Centranthe rouge ou Valériane rouge
Centranthus ruber
Plante ornementale originaire du sud de l'Europe, elle s'est naturalisée sur tous les murs des villes traversées, où elle fleurit longuement, depuis le mois de mai jusqu'à fin septembre. L'espèce sauvage a des fleurs rouges, d'où son nom, mais les fleurs peuvent être aussi blanches ou roses. Ces fleurs possèdent un éperon nectarifère très long et très étroit qui n'est accessible qu'à la trompe des papillons.

Nombril-de-Vénus
Umbilicus rupestris
Ce nom charmant tient à la particularité de sa feuille qui forme une petite dépression en son centre qui ressemble à un nombril. Contrairement aux autres plantes de ce chapitre, on ne la trouve que sur les murs siliceux, acides, jamais sur les murs calcaires. Ses feuilles, en hiver et au printemps de préférence, peuvent se manger crues dans des salades.

Deux petites fougères sur les murs chauds et secs

Cétérach officinal
Asplenium ceterach
Anciennement utilisé comme remède contre les affections pulmonaires.

Capillaire des murailles
Asplenium trichomanes
Elle ressemble à la Capillaire de Montpellier (*Adiantum capillus-veneris*), autre fougère qu'on trouve dans les grottes humides et ainsi nommée parce qu'elle était utilisée dans l'Antiquité pour tonifier le cuir chevelu.

Le domaine du Châtaignier

Après avoir traversé le pont des Romieux (les pèlerins, en occitan) de Conques, le Chemin monte vers la chapelle Sainte-Foy à travers une forêt exposée au nord, humide et fraîche en toutes saisons. Les châtaigniers dominent et les fougères prospèrent dans leur ombre, ainsi que quelques fleurs typiques des sols acides.

La légende rapporte que la chapelle Sainte-Foy a été érigée à l'endroit où le moine qui ramenait d'Agen les reliques de Sainte-Foy est tombé d'épuisement. À ses pieds coule une source aux vertus guérisseuses.

SOUS LES CHÂTAIGNIERS

Châtaignier
Castanea sativa
Clairement calcifuge, il aime les sols acides. Il se trouve autour de Conques exactement dans le prolongement de la région de La Châtaigneraie, dans le sud du Cantal, au type de sol identique, où cet arbre occupe une grande place. Les châtaignes ont joué dans ces régions pauvres un rôle important dans l'alimentation paysanne. Pollinisé par le vent, il produit en juin-juillet une profusion de pollen à l'odeur très particulière.

Houx
Ilex aquifolium
Tolérant à la nature des sols, il a besoin, avant tout, d'une hygrométrie suffisante, notamment celle des forêts montagnardes. Il est dioïque (pieds mâles et femelles séparés). Seuls les pieds femelles portent des fruits rouges, par ailleurs toxiques (violemment purgatifs, selon l'abbé Coste).

Digitale pourpre
Digitalis purpurea
Une des plantes forestières les plus spectaculaires, indicatrice de sols acides (mais totalement absente de la région des Landes). Elle pousse dans les trous de lumière : coupes forestières, clairières, lisières. Elle était parfois appelée dans les campagnes Gant-de-Notre-Dame. C'est une des plantes les plus toxiques de notre flore. Elle contient dans toutes ses parties de la digitaline qui est utilisée en médecine pour réguler le rythme cardiaque mais, consommée accidentellement, peut entraîner un arrêt du cœur. De petites quantités de feuilles suffisent. Le gros danger est de les confondre, quand elle n'est pas en fleur, avec des feuilles de Consoude, très appréciées comme légume sauvage.

Circée de Paris
ou Herbe des sorcières
Circaea lutetiana
Circée était, dans l'*Odyssée*, la magicienne qui avait transformé les compagnons d'Ulysse en petits cochons. Son pouvoir reposait sur sa grande connaissance des plantes. Les anciens botanistes ont cru voir en elle une des plantes associées à la magicienne. Mais elle n'a jamais été utilisée par les sorcières et n'a de magique que d'enchanter les lisières des bois en été.

CINQ FOUGÈRES À CONNAÎTRE

Jusqu'à présent je ne m'étais pas vraiment intéressé aux fougères. Je connaissais celles qui ont des feuilles, des frondes, bien typées comme la Fougère aigle ou le Polypode...
... mais toutes les fougères qui partent du sol en touffes, en forme d'entonnoir, étaient pour moi des Fougères mâles. Dans la montée de la chapelle Sainte-Foy, dans un élan de contemplation propre au pèlerinage, je me suis pris à regarder de plus près ces « fougères en entonnoir ». Et là, j'ai découvert avec humilité que si la forme générale était semblable, je confondais trois espèces bien différentes (voir ci-dessous).

1. Polypode
Polypodium vulgare
Avec son limbe entier et profondément divisé, on ne peut pas le confondre. Il pousse au sol mais aussi très souvent sur le tronc des arbres, ce qui en fait une des rares plantes épiphytes de la flore française. Il est parfois appelé Réglisse des bois, ou Réglisse du pauvre, car son rhizome était autrefois mâchonné par les enfants pour son goût qui rappelle la réglisse. Il est très commun partout.

2. Polystic à soies
Polystichum setiferum
En regardant de près, on remarque que les segments secondaires de ses frondes ont un petit pétiole, et que le lobe de base de ces segments, plus développé, forme une pointe saillante très caractéristique. Cette fougère est plus atlantique que les deux précédentes. Elle n'est fréquente que dans l'ouest et le sud-ouest de la France.

3. Fougère mâle
Dryopteris filix-mas
En réalité, les fougères ne sont ni mâles ni femelles, mais les anciens donnaient autrefois ces qualificatifs à certaines plantes, selon les qualités communément attribuées à chaque sexe. La Fougère mâle a été ainsi nommée pour sa robustesse, par opposition à la Fougère femelle, qui lui ressemble, mais est plus gracile.

4. Fougère femelle
Athyrium filix-femina
Comme la Fougère mâle, elle est très commune en forêt partout en France. Elle préfère les situations ombragées plus humides, mais son spectre est large et les deux espèces cohabitent souvent. Ses frondes sont plus finement découpées (trois fois au lieu de deux) que la Fougère mâle, ce qui lui donne un aspect dentelé.

5. Fougère aigle
Pteridium aquilinum
Cette grande fougère est une pionnière qui peut recouvrir de vastes surfaces en sols pauvres acides et en situations lumineuses. À partir de Conques, elle nous accompagne tout au long du chemin sur tous les sols pauvres non calcaires, dans les landes et en lisières de forêts. Dans le Pays basque, elle marque le paysage et nous lui consacrerons un développement plus important (voir p. 196).

Frondes

olypode | Polystic à soies | Fougère mâle | Fougère femelle | Fougère aigle

Division primaire des frondes

Polypode | Polystic à soies | Fougère mâle | Fougère femelle | Fougère aigle

La lande à bruyères

En sortant du bois, le Chemin débouche sur la crête rocheuse occupée par une lande où la Bruyère cendrée domine. En juillet, elle est en pleine floraison et sera relayée en août par la Callune, plus tardive. Genêts à balais et Fougères aigles sont abondants.

La lande se maintient sur les crêtes où la nature rocheuse du sol ne permet pas de retenir suffisamment d'eau pour que des arbres ou des arbustes s'y installent durablement.

LES PLANTES DE LA LANDE

Callune ou Bruyère commune
Calluna vulgaris
Elle fleurit un mois plus tard que la Bruyère cendrée et n'est pas encore en fleur en juillet. Ses fleurs sont d'ailleurs très différentes. Alors que les bruyères vraies, du genre *Erica*, ont des fleurs en grelots, les fleurs de la Callune ont quatre pétales et quatre sépales bien visibles. D'où sa classification dans un genre différent. Son aire de répartition est beaucoup plus vaste et s'étend jusqu'en Europe orientale.

Bruyère cendrée
Erica cinerea
C'est une plante très atlantique. À l'est de la région parisienne et du Massif central, elle disparaît. En revanche, elle très fréquente dans l'Ouest et généralement associée à la Callune. Comme cette dernière, elle est indicatrice de sols acides et peut coloniser de grandes surfaces.

Remarquez les feuilles en écailles très petites de la Callune, quasiment appliquées les unes sur les autres sur quatre rangs.

Muflier à feuilles de pâquerette
Anarrhinum bellidifolium
Il pousse dans le Midi et le Massif central sur les rochers siliceux (ou basaltiques : voir Les gorges de l'Allier p. 25).

Jasione des montagnes
Jasione montana
Elle ressemble beaucoup à la Jasione lisse (*Jasione laevis*) rencontrée dans la Margeride et l'Aubrac (voir p. 57) mais celle-ci est annuelle et non vivace, c'est-à-dire qu'elle boucle son cycle dans la saison et survit en hiver sous forme de graines.

Andryale
Andryala integrifolia
Cette jolie composée possède des fleurs jaune soufre et une pilosité générale qui la distinguent. C'est une plante du Midi mais, avec le réchauffement climatique, on la rencontre de plus en plus fréquemment au nord de la Loire.

La belle campagne à vaches des plateaux

Au sortir du bois, le Chemin débouche sur le plateau consacré à l'élevage. Il suit une petite route de campagne jusqu'à une chapelle dédiée à saint Roch, avant de redescendre sur Decazeville.

Marcel et Robert aiment regarder passer les pèlerins.

Saint Roch (ou Roc en occitan) est le saint patron de tous les pèlerins. Il est représenté avec son bourdon et montre sa plaie, un bubon causé par la peste, miraculeusement guéri par un ange. Durant sa maladie, il s'était retiré dans un bois où un chien fidèle venait tous les jours lui apporter un pain et lui léchait ses plaies. Depuis, il est aussi le saint protecteur des animaux de compagnie.

Sur le plateau, on aperçoit la succession des vallons et des landes à bruyères typique du ségala de Conques.

LE QUERCY

Causses, vallée du Célé, Quercy blanc et Bas Quercy
De Figeac à Moissac

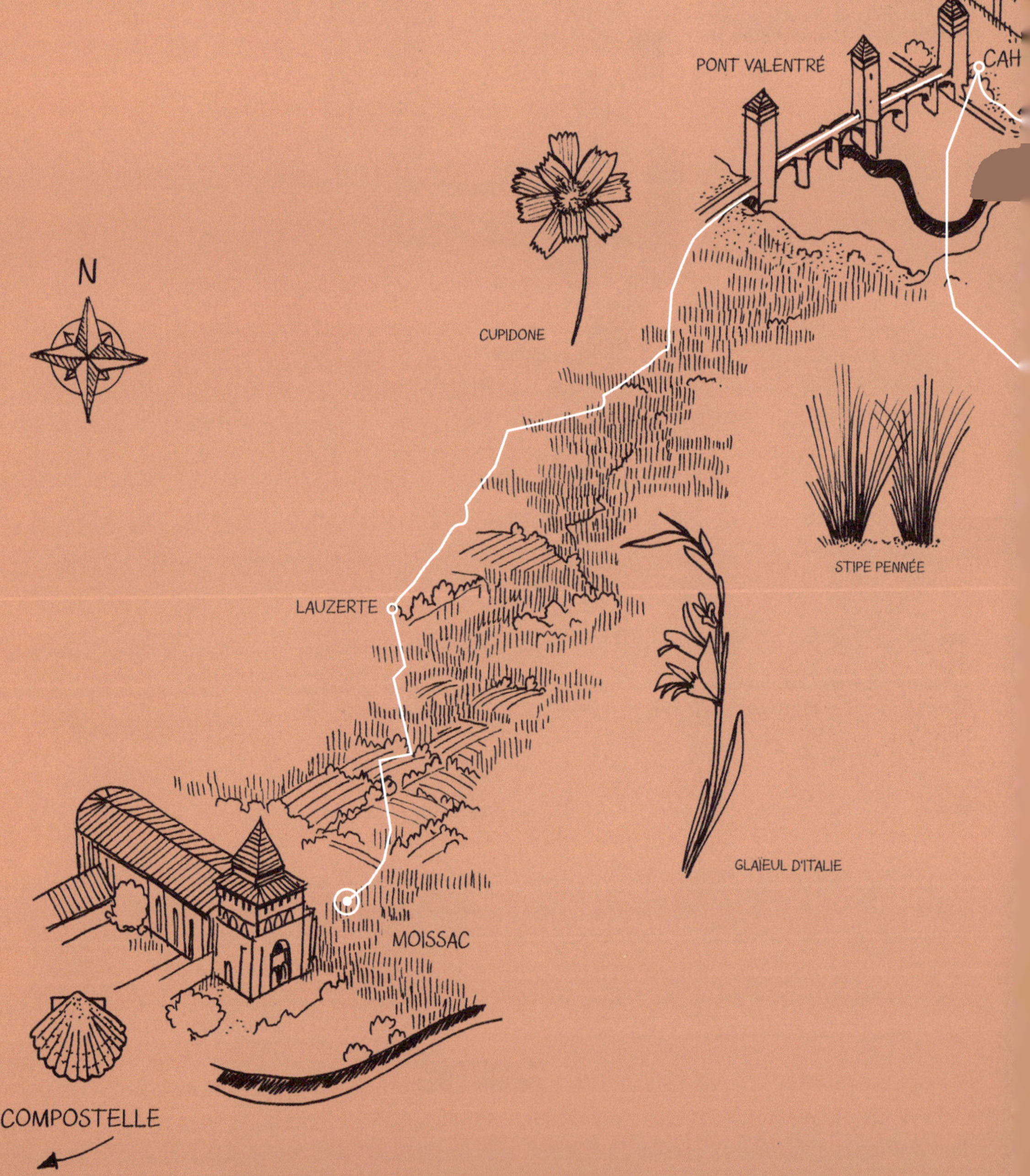

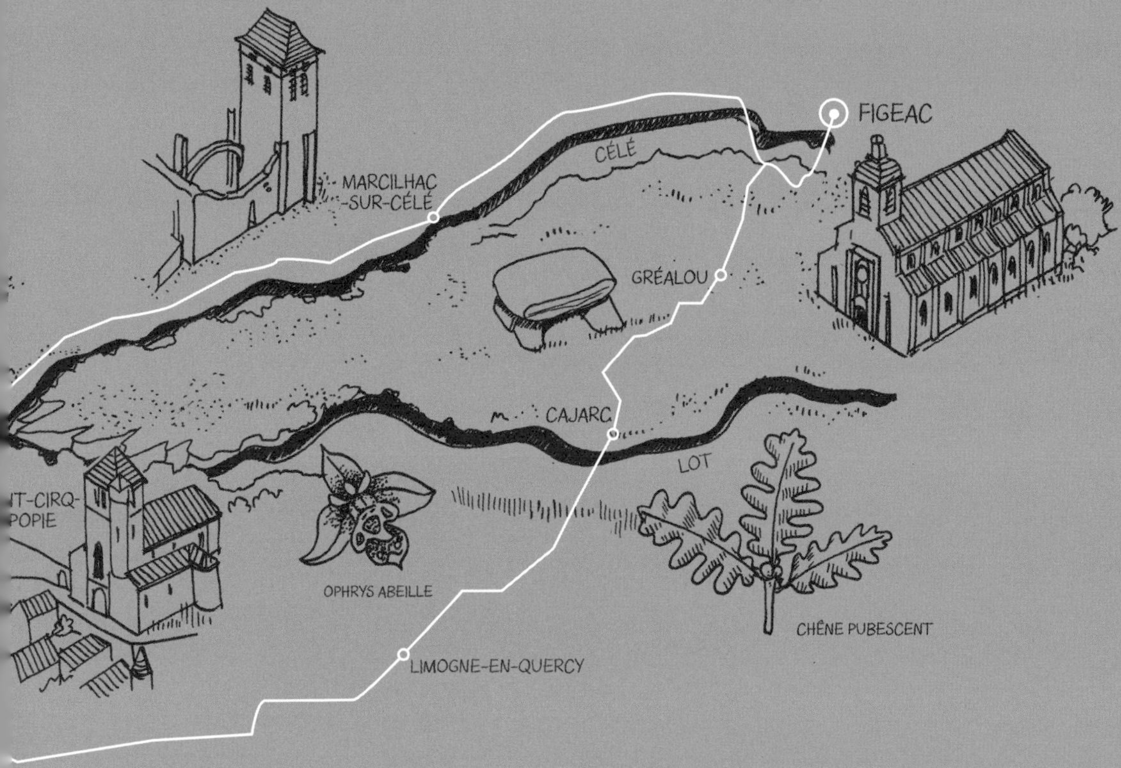

À partir de Figeac, le Chemin de Compostelle change radicalement d'aspect. Il traverse l'ancienne région du Quercy, où la nature calcaire du sous-sol conditionne le paysage et la végétation. C'est le tronçon de la *Via Podiensis* où l'on peut voir la plus grande diversité de plantes (et d'insectes). Les causses du Quercy y forment de grands plateaux dominés par le chêne pubescent, dans lesquels le Lot et le Célé ont creusé leurs lits en formant d'impressionnantes falaises. On trouve sur les versants sud de ces vallées calcaires de nombreuses plantes au caractère nettement méditerranéen.

Vallée du Lot à la hauteur de Cajarc

Fleur de carotte sauvage

Croix sur le causse de Limogne

Ophrys abeille

Saint-Cirq-Lapopie

Le Chemin par la variante du Célé

LE ROYAUME DU CALCAIRE ET DES PLANTES MÉDITERRANÉENNES

Toutes les roches calcaires sont d'origine organique : elles résultent du dépôt dans le fond de l'océan qui bordait les continents, durant des millions d'années, d'organismes marins ou lacustres possédant un squelette calcaire, principalement des micro-organismes planctoniques comme les foraminifères, mais aussi des coraux, des coquillages, des algues calcifiantes...
Les calcaires des causses du Quercy se sont formés au Jurassique, il y a plus de 130 millions d'années. Il faut s'imaginer les échelles de temps colossales qui ont été nécessaires pour former ces falaises : le chiffre de 1 cm de hauteur par 1 000 ans a été cité pour le massif calcaire des Bauges dans les Alpes – ce chiffre n'est pas directement extraposable mais donne un ordre d'idée.

Tanaisie en corymbe

L'INFLUENCE SUR LES PLANTES

Les sols calcaires possèdent en général un pH autour de 8 qui peut bloquer l'absorption du fer par les plantes non adaptées à ce type de sol. C'est la chlorose ferrique, ce jaunissement des feuilles bien connu des jardiniers. Le fer est en effet un micro-élément absolument indispensable aux plantes, car il entre dans la constitution de la chlorophylle. C'est pourquoi on trouve dans les sols calcaires, comme les causses, des plantes très spécifiques adaptées à ces conditions, comme le chêne pubescent, l'érable champêtre, le troène... mais aussi des plantes plus flexibles qui s'accommodent d'un plus large spectre de sols, comme les noisetiers, les alisiers, le genévrier, le lierre...
À l'inverse, on n'y trouvera jamais des plantes très sensibles au calcaire qui ont besoin de sols acides, comme les bruyères ou le châtaignier.
Une autre particularité des sols calcaires est d'être très perméables à l'eau. On y trouve en conséquence beaucoup de plantes capables de résister à une certaine sécheresse, comme de nombreuses plantes méditerranéennes de garrigue. Celles-ci atteignent ici, dans les microclimats qui leur sont favorables, leur limite d'extension la plus septentrionale.

Falaises calcaires surplombant la vallée du Célé. Ces versants orientés au sud abritent une végétation méditerranéenne. On y aperçoit à mi-pente une prairie d'Orlayas à grandes fleurs (voir plus loin).

Les murets de pierres sèches en calcaire marquent le paysage des causses.

SUR LE CAUSSE

Autrefois densément peuplés, les plateaux des causses ont fortement souffert de l'hécatombe provoquée par la Première Guerre mondiale puis de l'industrialisation de l'agriculture. Sur ces terres ingrates, la déprise agricole a été intense et la forêt de chênes pubescents recouvre aujourd'hui de nombreuses parcelles autrefois cultivées.

Paysage du causse entre Gréalou et Cajarc.

Cette maison en ruine au milieu des chênes pubescents témoigne de l'exode rural intense qui a sévi sur ces plateaux difficiles à exploiter.

LE DOMAINE DU CHÊNE PUBESCENT *(QUERCUS PUBESCENS)*

Sur ces sols calcaires et secs, le chêne pubescent domine. Il possède des feuilles caduques de forme similaire à celles des chênes communs, pédonculés et sessiles, mais s'en distingue facilement par le côté duveteux, pubescent, de la face inférieure de ses feuilles. C'est à son pied (et à celui des noisetiers) que poussent les truffes noires, spécialité de la région. Il est aussi appelé Chêne noir dans le Sud-Ouest, mais Chêne blanc dans le Sud-Est !

Face supérieure du chêne pubescent.

Le revers est nettement duveteux (pubescent).

Feuille de chêne pédonculé pour comparaison : le revers est lisse, sans duvet.

LES ARBRES ET ARBUSTES CARACTÉRISTIQUES DU CAUSSE

Aux côtés du chêne pubescent, poussent sur le causse d'autres espèces ligneuses très caractéristiques des sols calcaires.

Érable champêtre
Acer campestre
Il est très caractéristique des sols calcaires et communs partout en France sur ce type de sols, à l'exception de la région méditerranéenne où l'érable de Montpellier le remplace. Sur les plateaux du causse, on peut observer les deux types d'érables.

Érable de Montpellier
Acer monspessulanum
Il est très facile à reconnaître grâce à ses feuilles trilobées. Méditerranéen et mieux adapté aux terrains secs, il supplante totalement l'Érable champêtre sur les pentes exposées au sud. À l'automne, son feuillage prend une coloration orange qui marque le paysage.

Alisier torminal
Sorbus torminalis
C'est un petit arbre qui aime les emplacements chauds, les lisières des forêts de feuillus. Assez commun partout en France, bien que passant souvent inaperçu, il est particulièrement présent dans les chênaies pubescentes.

Troène
Ligustrum vulgare
Il a une préférence pour les sols calcaires et est également très présent sur le causse. Ses feuilles caduques mais coriaces persistent souvent jusqu'au milieu de l'hiver. Sa floraison blanche en mai-juin est très mellifère. Ses rameaux souples étaient autrefois utilisés en vannerie, d'où son nom scientifique qui provient du latin *ligare* qui signifie lier.

Alisier blanc
Sorbus aria
C'est également un petit arbre ou un arbuste, qui se rencontre fréquemment sur sols calcaires aux emplacements chauds et ensoleillés. Le revers de ses feuilles, blanc et tomenteux, est caractéristique. Quand le vent souffle suffisamment pour soulever son feuillage, il prend un aspect argenté qui le distingue nettement dans la végétation ambiante.

Forêt de buis fantôme. Sur les versants nord et humides des vallées, les sous-bois de buis ont été entièrement décimés par les chenilles de la pyrale du buis, papillon parasite chinois apparu vers 2008. Les mousses qui ont entièrement colonisé ces squelettes de branches leur donnent un aspect fantomatique.

La Sauge des prés (*Salvia pratensis*) est très commune partout en France dans les prés et les bords de chemins sur sols calcaires. Sa fleur est souvent citée comme un exemple parfait de coévolution entre les fleurs et les insectes : en effet, un subtil mécanisme déclenche le basculement des étamines sur le dos des pollinisateurs, comme les bourdons, lorsqu'ils visitent la fleur à la recherche de nectar.

Ainsi saupoudré de pollen, et en échange de ce nectar, l'insecte est censé assurer la pollinisation de la sauge en poursuivant son butinage de fleur en fleur. Ceci est vrai, mais il existe aussi beaucoup de tricheurs dans la nature : comme ce Moro-sphinx, petit papillon colibri qui, grâce à son vol stationnaire et sa longue trompe, aspire le nectar sans actionner le mécanisme pollinisateur…

Sur le causse avant de descendre vers Cajarc

Un chemin sur le causse avec ses murets de pierres sèches typiques

LES PLANTES DE LISIÈRES ET DE SOUS-BOIS

Corroyère à feuilles de myrte, Herbe aux tanneurs ou Redoul
Coraria myrtifolia
Il se rencontre uniquement dans le sud-ouest et le Midi de la France. Elle est fréquente en bordures de routes dans les bois. Riche en tanins, elle était autrefois utilisée pour corroyer les cuirs, c'est-à-dire les tanner (corroyeur est l'ancien nom pour tanneur). Elle est très toxique, particulièrement les fruits, potentiellement mortels.

Fragon piquant ou Petit houx
Ruscus aculeatus
Cet arbrisseau, commun dans tous les sous-bois secs et chauds, est une curiosité botanique : il a la particularité de ne pas posséder de feuilles proprement dites, mais des cladodes, c'est-à-dire des tiges élargies en forme de feuilles. Cette particularité se remarque bien quand on observe que ses fleurs et ses fruits poussent sous ces pseudo-feuilles et non à leur aisselle comme les autres plantes. Ses jeunes pousses encore tendres, en mars, peuvent se consommer comme des asperges.

Chèvrefeuille d'Étrurie
Lonicera etrusca
Très élégant chèvrefeuille méditerranéen (l'Étrurie, c'est la Toscane), dont les feuilles supérieures sont soudées entre elles — on dit qu'elles sont connées. Il est souvent cultivé au jardin, dans le Sud, pour la beauté de ses fleurs et son parfum. Il est ici totalement indigène et sauvage.

Tamier ou Herbe aux femmes battues
Dioscorea communis
Jolie liane aux feuilles en forme de cœur, également nommée «Herbe aux femmes battues» en raison de son utilisation passée pour soigner les ecchymoses. C'est une cousine des ignames, seule espèce de cette famille tropicale à pousser sous nos climats. Dans le Lot et l'Aveyron, où ses jeunes pousses sont très appréciées, à la manière de jeunes asperges, elle est appelée reponchon (prononcer «répountchou»). Tout le reste de la plante est très toxique. En été, les feuilles disparaissent, laissant la place à des guirlandes de baies rouges.

Chèvrefeuille d'Étrurie

LE BORD DES CHEMINS AU PRINTEMPS

Géranium sanguin
Geranium sanguineum
C'est une plante xérophile, c'est-à-dire qui aime les emplacements chauds et secs, sur sols neutres à très calcaires. Il en existe des variétés horticoles, très utiles aux jardiniers car très résistantes à l'ombre sèche. Ses feuilles rougissent en automne, d'où son nom.

Glaïeul d'Italie
Gladiolus italicus
Une des plus jolies fleurs sauvages méditerranéennes, présente, mais pas toujours fréquente, dans tout le sud de la France.

Céphalanthère à feuilles longues
Cephalanthera longifolia
Les céphalanthères sont des orchidées de bois secs ou de coteaux pierreux, qui aiment les emplacements chauds à mi-ombre. Leurs fleurs qui semblent toujours à moitié fermées sont caractéristiques.

Spirée filipendule
Filipendula vulgaris
Proche de la Reine-des-prés, qui pousse en été dans les terrains humides, la Filipendule est plus petite et fleurit au printemps dans les prés secs, plutôt calcaires. Elle est absente dans le Nord et le Nord-Ouest. Elle a les mêmes propriétés médicinales anti-inflammatoires que la Reine-des-prés, en moins puissant.

Orchis pourpre
Orchis purpurea
Son casque brun-rouge, pourpre, est caractéristique.

LE BORD DES CHEMINS EN ÉTÉ

Gesse des bois
Lathyrus sylvestris
Un joli pois de senteur sauvage, malheureusement inodore.

Bétoine officinale
Stachys officinalis
Plante médicinale très appréciée au Moyen Âge et jusqu'au XVIIIe siècle, elle passait pour être une véritable panacée. Elle est encore utilisée aujourd'hui pour ses vertus antidiarrhéiques.

Digitale jaune
Digitalis lutea
Plus petite que la Digitale pourpre qui, elle, pousse sur les sols acides. Elle contient, comme cette dernière, de la digitaline, toxique pour le cœur.

Campanule agglomérée
Campanula glomerata
Comme son nom l'indique, les fleurs de cette campanule sont agglomérées en capitule terminal.

Campanule gantelée
Campanula trachelium
Grande campanule de sous-bois, aux fleurs plus pâles, et couverte de petits poils raides.

Épipactis à larges feuilles
Epipactis helleborine
Une orchidée estivale assez commune dans les forêts de feuillus ou en lisière.

SUR LES COTEAUX SUD DE LA VALLÉE DU CÉLÉ ET DU LOT

À Béduer, peu après Figeac, au lieu d'aller vers Cajarc à travers le causse, il est possible d'emprunter une variante passant par la vallée du Célé. Cette variante magnifique, serpentant souvent sur le haut de la falaise, offre de somptueux points de vue sur la vallée et ses petits villages préservés. Sur ces versants calcaires chauds exposés au sud, tout comme sur les versants sud du Lot voisin, comme dans la descente sur Cajarc, l'influence du climat méditerranéen s'exprime clairement dans la végétation. On y trouve de nombreuses espèces méditerranéennes des pelouses et des landes sèches que l'on rencontrera à nouveau dans le Quercy blanc, ainsi que dans de nombreux endroits rocheux et bien exposées du causse.

Le Chemin empruntant la vallée du Célé constitue une très belle variante de la *Via Podiensis* vers Cahors.

Le charmant village de Marcilhac-sur-Célé abrite les ruines majestueuses d'une ancienne abbaye bénédictine.

Vue de la vallée du Célé depuis le sentier de grande randonnée (GR 651) qui serpente sur le haut des falaises.

QUATRE ARBUSTES PARTICULIÈREMENT ADAPTÉS À LA SÉCHERESSE

Le Pistachier térébinthe, le Nerprun alaterne et le Fillaria, caractéristiques des garrigues calcaires du Midi, ainsi que le Genévrier commun, possèdent des feuilles coriaces qui leur permettent de réduire la transpiration. L'Érable de Montpellier (voir p. 106), qui possède aussi, bien qu'à un degré moindre, des feuilles coriaces, supplante l'Érable champêtre sur tous ces versants chauds et ensoleillés.

Pistachier térébinthe
Pistacia terebinthus
La résine de cet arbuste au feuillage caduc était autrefois utilisée pour produire de la térébenthine, appelée térébenthine de Chio. Les pins, et en particulier le Pin maritime, ont par la suite largement remplacé le Pistachier pour cet usage.

Nerprun alaterne
Rhamnus alaternus
Arbuste à feuillage persistant, ses feuilles coriaces à bords dentés sont bordées d'une ligne cartilagineuse typique, très visible à contre-jour.

Fillaria à feuilles larges
Phillyrea latifolia
Cet arbuste à feuillage persistant peut, en situations favorables, former un tronc et devenir un arbre.

La disposition des feuilles sur la tige est alterne.

On peut facilement le confondre avec l'Alaterne, mais ses feuilles sont opposées en croix sur la tige et non alternes.

Genévrier commun
Juniperus communis
Il pousse, quant à lui, partout en France, et est très fréquent sur les sols calcaires chauds et secs. Ses feuilles en aiguilles, petites et coriaces, lui permettent également de réduire sa transpiration.

L'Ascalaphe soufré (*Libelloides coccajus*), un insecte aussi beau que curieux de la famille des Ascalaphidés, à mi-chemin entre le papillon et la libellule. C'est une espèce méditerranéenne qui aime les milieux chauds et secs.

Ophrys bécasse
Ophrys scolopax
Méditerranéenne, sur calcaire. De profil, le haut de la fleur ressemblerait à une tête de bécasse.

Ophrys abeille
Ophrys apifera
Présente dans toute la France, surtout sur calcaire.

Tous les ophrys, qui sont des orchidées sauvages, sont pollinisés par de petites abeilles sauvages mâles (mais pas par l'abeille domestique), trompées par la forme et surtout l'odeur de la fleur qui imitent celles de la femelle, avec laquelle ils cherchent vainement à se reproduire. Ce faisant, des petits paquets de pollen viennent se coller sur leur dos, assurant la pollinisation du prochain ophrys qu'ils vont visiter. À noter que l'ophrys n'offre pas de nectar à l'insecte en échange, comme c'est généralement le cas avec les autres plantes, et que cette tromperie lui permet d'économiser cette coûteuse production.

Orchis pyramidal
Anacampsis pyramidalis
Comme son nom l'indique, il est pyramidal en début de croissance, puis conique. La pollinisation est assurée par des papillons diurnes dont la trompe est guidée vers l'éperon nectarifère par les deux petites crêtes visibles à la base du labelle.

Hélianthème commun
Helianthemum nummularium
C'est l'hélianthème des Fleurs de Bach®, connu sous le nom de Rock Rose. Une dizaine de fleurs par tige fleurissent l'une après l'autre. Chaque fleur ne fleurit qu'un seul jour puis fane.

Hélianthème des Appenins
Helianthemum appeninum
Petite plante vivace méditerranéenne, sur calcaire. Hélianthème signifie fleur du soleil, car comme le tournesol, il tourne ses fleurs vers le soleil. Notez la petite tache jaune à la base des pétales caractéristiques de l'espèce.

Orlaya à grandes fleurs

Orlaya grandiflora

Une des plus jolies ombellifères sauvages que je connaisse. Les pétales extérieurs des fleurs périphériques ont la particularité d'être dix fois plus grands que les autres. Elle peut se cultiver au jardin bien que sa floraison soit assez brève. Lors de mon passage dans la vallée du Célé, fin mai, elle formait de grandes prairies à flanc de falaises.

Tanaisie en corymbe

Tanacetum corymbosum

Jolie marguerite en corymbe qui pousse essentiellement dans le Midi sur calcaire.

Globulaire commune

Globularia vulgaris

Fréquente sur les sols calcaires et secs.

Laser de France

Laserpitium gallicum

Robuste Ombellifère vivace poussant sur les coteaux et les éboulis calcaires de l'Est et du Midi.

Laitue vivace
Lactuca perennis

Vivace et méridionale, c'est la plus belle des laitues sauvages, qui plus est comestible. Elle est considérée comme une des meilleures salades sauvages. Ses jeunes feuilles en rosette se récoltent en hiver et au début de printemps.

Liseron de Biscaye
Convolvulus cantabrica

Un beau liseron typiquement méditerranéen, vivace à souche ligneuse.

Vulnéraire
Anthyllis vulneraria

Elle n'est pas spécifiquement calcicole, mais très bien adaptée aux sols secs. Vulnéraire veut dire « qui soigne » en raison de ses propriétés cicatrisantes, utilisées autrefois en médecine populaire. Elle est commune sur les pelouses sèches dans presque toute la France.

Thym faux pouliot
Thymus pulegioides

On le reconnaît à ses tiges carrées, dont les angles sont hérissés de poils, et à ses feuilles glabres et non recourbées comme le thym commun. Également appelé Thym de bergère, il est aromatique et peut s'utiliser comme le thym commun.

Le Chemin du Célé au-dessus du village de Saint-Sulpice

Peu après que le Célé s'est jeté dans le Lot, une petite route permet de rejoindre Saint-Cirq-Lapopie en longeant la rivière, bordée par les aulnes.

Prairie sèche sur le GR du Célé entre Espagnac-Sainte-Eulalie et Brengues : herbes à bitume et ails à tête ronde.

LES FLEURS DE L'ÉTÉ

Raiponce orbiculaire
Phyteuma orbiculare
Plante vivace de la famille des campanules (Campanulacées) fréquente sur les pelouses sèches calcaires. On l'appelle aussi Herbe d'amour, synonyme dont l'origine semble oubliée, mais qui ouvre la porte à l'imagination.

Herbe à bitume ou Trèfle bitumineux
Bituminaria bituminosa
Cette jolie légumineuse a la curieuse particularité de sentir le goudron quand on la froisse, ce qui la rend inconfondable. Très méditerranéenne, elle est omniprésente le long du GR du Célé où elle fleurit tout l'été.

Ail à tête ronde
Allium sphaerocephalon
Comme tous les ails, l'ail à tête ronde produit des bulbes qui lui permettent de survivre sous terre, une fois sa reproduction terminée. C'est une des stratégies de survie en milieux secs méditerranéens. Très nectarifère, il fait le bonheur des papillons.

Orpin élevé
Sedum sediforme,
syn. *Sedum altissimum*
Orpin à fleurs blanc jaunâtre. Contrairement à l'Orpin des rochers, celui-ci ne pousse que dans le Midi. Les orpins sont des plantes succulentes : leurs feuilles sont riches en mucilages, ce qui leur permet de retenir l'eau.

Orpin des rochers
Sedum rupestre
Orpin à fleurs jaunes qui pousse dans presque toute la France sur les rochers et les murs, calcaires ou pas. Tous les orpins ont un système racinaire très développé.

LES FLEURS DE L'ÉTÉ

Stéhéline douteuse
Staehelina dubia
Sous-arbrisseau à feuillage persistant. La plante en elle-même n'est pas spectaculaire mais en y regardant de plus près, les bractées des fleurs, bordées de pourpre, sont de toute beauté.

Centaurée du Rhin
Centaurea stoebe
Originaire d'Europe centrale, elle aime les sols bien drainés. Dans certains États d'Amérique du Nord, où elle a été introduite accidentellement, elle est considérée comme une plante très invasive.

Inule des montagnes
Inula montana
Pas vraiment « des montagnes », Linné l'a appelée ainsi parce que le spécimen qu'on lui a envoyé provenait de Suisse. C'est une composée fréquente sur le causse. Médicinale, elle s'utilise exactement comme l'Arnica pour soigner les contusions.

Germandrée petit-chêne
Teucrium chamaedrys
Elle aime les lieux secs, en particulier calcaires, dans toute l'Europe. En Provence, le Petit-chêne était traditionnellement utilisé, en tisane et sur des périodes courtes, pour faire des cures de printemps dépuratives.
Sa forte amertume empêchait une surconsommation, potentiellement toxique pour le foie.

Origan
Origanum vulgare
Plante aromatique bien connue, utilisées dans les pizzas et d'autres plats méditerranéens. Il est très commun partout en France en situations sèches et bien exposées, surtout sur calcaire.

Céphalaire à fleurs blanches
Cephalaria leucantha
Cette proche cousine des scabieuses, parfois appelée Scabieuse à fleurs blanches, est caractéristique des coteaux pierreux calcaires du Midi. Elle trouve ici la limite de son extension vers le nord. Sa floraison est très tardive.

Lors de mon passage tout début juillet, je n'ai pu observer que les discrets boutons floraux de la Céphalaire à fleurs blanches, qui ne fleurit pas avant le milieu de l'été (voir ci-contre).

LES SERPENTS SUR LE CHEMIN

Les causses du Quercy constituent un milieu particulièrement favorable aux serpents. C'est ici qu'on risque le plus d'en rencontrer, même s'ils sont aussi présents dans toutes les autres régions.

Couleuvres vertes et jaunes en train de s'accoupler sur le causse du Quercy début juillet.

La couleuvre verte et jaune est le serpent le plus fréquent dans le Quercy.

Vipère en train de se réchauffer, le matin. J'ai failli marcher dessus en m'écartant légèrement du chemin (Quercy, début juillet). Toujours faire attention où l'on pose les pieds, les mains ou les fesses, quand on sort du sentier...

Comme tous les reptiles, ceux-ci ne régulent pas leur température et ont besoin de la chaleur du soleil pour atteindre les températures qui permettent à leur métabolisme de fonctionner, avec un optimum autour de 30-32 °C. Pour cette raison, ils apprécient particulièrement les milieux rocheux exposés au sud, où ils peuvent se réchauffer quand les températures sont encore fraîches. Néanmoins, ce sont des animaux peureux qui fuient quand on les approche et il sera rare de les rencontrer sur le Chemin, constamment fréquenté par les marcheurs. Par ailleurs, quand il fait chaud, ils se cachent sous les rochers ou dans la végétation. C'est quand la température est comprise entre 10 et 20 °C qu'on aura le plus de chance de les voir, car ils ont alors besoin de s'exposer en plein soleil pour se réchauffer. On trouve dans le Quercy la vipère aspic et cinq espèces de couleuvres : la couleuvre verte et jaune, la couleuvre d'Esculape, la couleuvre vipérine, la couleuvre à collier et la coronelle girondine.

Les couleuvres

Les cinq couleuvres ne sont pas venimeuses et sont inoffensives, même si elles peuvent impressionner par leur taille (plus de 1,50 m pour certaines d'entre elles) et parfois mordre si elles sont acculées. La couleuvre verte et jaune est la plus fréquente dans le Quercy et se reconnaît à sa couleur vert foncé à noir, et à son ventre jaunâtre. Tout début juillet, j'ai eu l'occasion d'assister à leur accouplement sur une petite route déserte, où perdant toute prudence elles s'entortillaient avec frénésie l'une autour de l'autre.

La Vipère aspic

Seule la vipère aspic est venimeuse et dangereuse, mais c'est aussi le serpent le plus rarement observé. Les vipères se distinguent des couleuvres par leurs pupilles verticales et non rondes, et par leur taille plus petite, moins de 70 cm de long pour la vipère aspic. Le dessin dorsal foncé en chevron est généralement caractéristique mais présente de grandes variations de teintes et de forme d'un individu à l'autre.

LES LÉZARDS DU QUERCY

Le Quercy offre également des milieux très propices aux lézards. Comme les serpents, ils ont besoin d'emplacements ensoleillés, riches en proies et en refuges rocheux pour se cacher, s'abriter du soleil excessif et du froid hivernal. Pour cette raison, on ne les trouvera pas dans les forêts sombres ou les régions de grandes cultures. On observe trois espèces dans le Quercy : le Lézard des murailles, le plus commun, le Lézard vert et le Lézard ocellé, beaucoup plus rare.

Le Lézard des murailles

C'est le plus fréquent et le plus connu des lézards, présent partout en France, également près des habitations, sur les murs et dans les pierriers. Sa couleur de fond, brune, gris ou verdâtre, varie en fonction de son habitat. Les jeunes et les femelles présentent une ligne foncée sur les côtés. Il est bien connu pour perdre volontairement sa queue quand il est attaqué. Celle-ci repoussera, mais une fois seulement.

Le Lézard vert

Le mâle est entièrement vert et jaune avec une belle gorge bleue, la femelle entièrement verdâtre. Il est deux fois plus grand que le Lézard des murailles et peut atteindre 40 cm, queue comprise. Il préfère les milieux plus riches en végétation, lisières de forêts, haies, buissons, mais toujours bien exposés au soleil. Comme le Lézard des murailles et le Lézard ocellé, il a la faculté de s'amputer de sa queue en cas d'attaque.

Le Lézard ocellé

C'est le plus grand et le plus beau de nos lézards : il peut mesurer jusqu'à 60 cm, queue comprise. Il ressemble à un grand Lézard vert avec de très jolis ocelles bleus sur les flancs. Très ibérique et méditerranéen, il est ici à la limite nord de son aire de répartition. Beaucoup plus rare, il est menacé par la déprise agricole et la fermeture des landes et des pelouses sèches qui lui sont nécessaires.

LES PELOUSES ET LES LANDES SÈCHES DU QUERCY BLANC

Passé le causse de Limogne, si l'on rejoint directement Lauzerte à partir de Lalbenque, comme je l'ai fait à vélo, on entre dans le Quercy blanc, dont les coteaux arides et blancs, en raison de la nature calcaire crayeuse de leur sol, abritent des parcelles de landes et de pelouses sèches d'une richesse exceptionnelles en espèces remarquables. Ces espaces non cultivés sont les reliques de l'activité pastorale d'autrefois. Du fait de l'abandon de l'élevage ovin dans cette région, ces pelouses, n'étant plus entretenues par les moutons, ont tendance à être colonisées par les arbustes et à se refermer. Certaines d'entre elles font l'objet d'un programme de sauvegarde (Programme Natura 2000, Pelouses et serres du Quercy blanc).

Pelouse sèche à stipe pennée

Cette gracieuse graminée (Stipe pennée, *Stipa pennata*) est emblématique des prairies maigres auxquelles elle donne une allure de steppe. Malgré la disparition de l'agropastoralisme traditionnel, elle reste très présente dans les pelouses sèches du Quercy blanc.

Lin ligneux
Linum suffruticosum

Platanthère verdâtre
Platanthera chlorantha

Sérapias en soc
Serapias vomeracea

Une curieuse orchidée dont le labelle rabattu vers le bas a inspiré le nom à l'espèce (de *vomer*, le soc de la charrue). La forme de la fleur fait partie de sa stratégie de reproduction particulière : elle imite un abri de repos nocturne (ou de protection en cas de mauvais temps) pour des abeilles sauvages ou des bourdons. Ces derniers, en ressortant, véhiculent le pollen vers une autre fleur.

Amourette
Briza media
Une des plus gracieuses graminées qui mérite bien son nom.

Céphalanthère rouge
Cephalanthera rubra

Orchis pyramidal
Anacampsis pyramidalis

Cardoncelle sans épines
Carthamus mitissimus

Orchis bouc
Himantoglossum hircinum

Cupidone
Catananche caerulea
C'est une des plus jolies fleurs des régions méditerranéennes, ici dans sa limite nord (pour l'instant). Quel plaisir de la croiser en juillet sur le Chemin ! Pourquoi Cupidone ? Parce que dans l'Antiquité, elle était censée entrer dans la composition de philtres d'amour et, telles les flèches de Cupidon, faire succomber l'être aimé…

Scabieuse colombaire
Scabiosa columbaria
Elle aime tous les types de terrains secs et est très présente en été dans les pelouses sèches du Quercy. La fleur des scabieuses du genre *Scabiosa* se distingue de celle du genre *Knautia* (Scabieuse des champs, scabieuse des bois) par la présence de soies noires entre les fleurs bien visibles par en dessous.

Immortelle commune
Helichrysum stoechas
Elle est aussi couramment appelée Herbe au curry en raison de sa puissante odeur aromatique.

Aphyllanthe de Montpellier
Aphyllanthes monspeliensis
Typiquement méditerranéenne, pour résister à la sécheresse, elle ne possède pas de feuilles (d'où son nom, du grec *a-phyllos*, sans feuilles, et *anthos*, fleur), la fonction chlorophyllienne étant assurée par les tiges en forme de jonc.

Les bractées translucides et argentées qui entourent la fleur de la Cupidone sont particulièrement belles.

L'argus bleu (*Polyommatus icarus*) est un gracieux papillon bleu qu'on voit fréquemment sur les pelouses sèches. Son mode de vie est curieux : comme d'autres papillons du même genre, sa chenille passe l'hiver à l'abri dans une fourmilière où, protégée par les fourmis, elle se nourrit de leurs larves. En échange, la chenille sécrète un miellat dont se nourrissent les fourmis.

LE SÉNEÇON JACOBÉE OU HERBE DE SAINT JACQUES

Jacobaea vulgaris

Entre Lauzerte et Moissac, le paysage du Bas Quercy offre une alternance de douces collines boisées et de vallées cultivées où la végétation sauvage redevient une végétation de plaine classique (voir p. 209). Parmi celle-ci, une plante revêt une importance toute particulière : le Séneçon jacobée. S'il y a une plante qui peut être considérée comme la plante du pèlerin, c'est elle, nommée en l'honneur de saint Jacques car elle est censée fleurir autour du 25 juillet, jour de sa fête. Je la rencontre ici en fleur pour la première fois deux mois avant, le 28 mai, et je me dis que ceux qui lui ont donné ce nom devaient être des Nordiques...

En faisant quelques recherches, j'ai retrouvé sa trace chez le père de la botanique bavarois Leonhart Fuchs, qui la mentionne déjà en 1542 comme *Herba Sancti Iacobi* et précise que le « vulgus » l'appelle *St. Jacobs bluom* en allemand [en français L'herbe Saint Iaques][1]. Un nom donc bien établi à la Renaissance, qui lui a vraisemblablement été donné au Moyen Âge dans les campagnes allemandes, où elle commence à fleurir bien plus tard que dans le sud de la France. Quoi qu'il en soit, le Séneçon jacobée est bien une fleur de l'été, sa pleine floraison se produisant partout en juillet-août.

1 Leonhart Fuchs, *De historia stirpium commentarii insignes*, Bâle, Isingrin, 1542, p. 736.

Avant de protéger les pèlerins, L'Herbe de saint Jacques se protège d'abord elle-même. Les plantes ne pouvant pas s'enfuir devant leurs prédateurs, elles ont élaboré de redoutables armes chimiques pour dissuader les agresseurs. Le Séneçon jacobée, pour sa part, produit des alcaloïdes pyrrolizidiniques, toxiques pour le foie et potentiellement mortels pour les chevaux, les vaches, les cochons et les cervidés (les moutons et les chèvres sont plus tolérants). En temps normal, l'amertume de la plante dissuade les animaux de la brouter. Mais en cas de pénurie, dans un pré envahi de Séneçons, des accidents mortels peuvent survenir. Et surtout, cette amertume, qui alerte les animaux, disparaît en séchant, si bien que les foins qui en contiennent sont très dangereux. Les éleveurs de vaches ou de chevaux sont très attentifs à l'éliminer de leurs prairies de fauche. Devant un tel danger, son élimination systématique pourrait sembler justifiée. Ce serait méconnaître son grand intérêt écologique pour la survie de nombreuses autres espèces. Une étude menée en Grande-Bretagne a montré qu'elle sert de nourriture exclusive à 77 espèces d'insectes, dont huit rares et menacées, et qu'elle fournit du nectar à 170 espèces d'insectes. En réalité, le Séneçon jacobée est une plante clé pour le maintien de la biodiversité[1] !

1 Elizabeth Dauncey, Sonny Larsson , *Les Plantes qui tuent*, Ulmer, 2019, p. 167.

On voit souvent sur le Séneçon jacobée la chenille de la Goutte de sang (*Tyria jacobaeae*) ou Écaille du séneçon. Immunisée contre le poison, elle ingère ses alcaloïdes en se nourrissant de ses feuilles et devient à son tour toxique pour ses prédateurs. Elle arbore une couleur jaune et noire bien visible qui est un avertissement à leur attention. Le papillon adulte conserve cette toxicité et la signale par sa couleur rouge et noire.

LE GERS

De Moissac à Nogaro

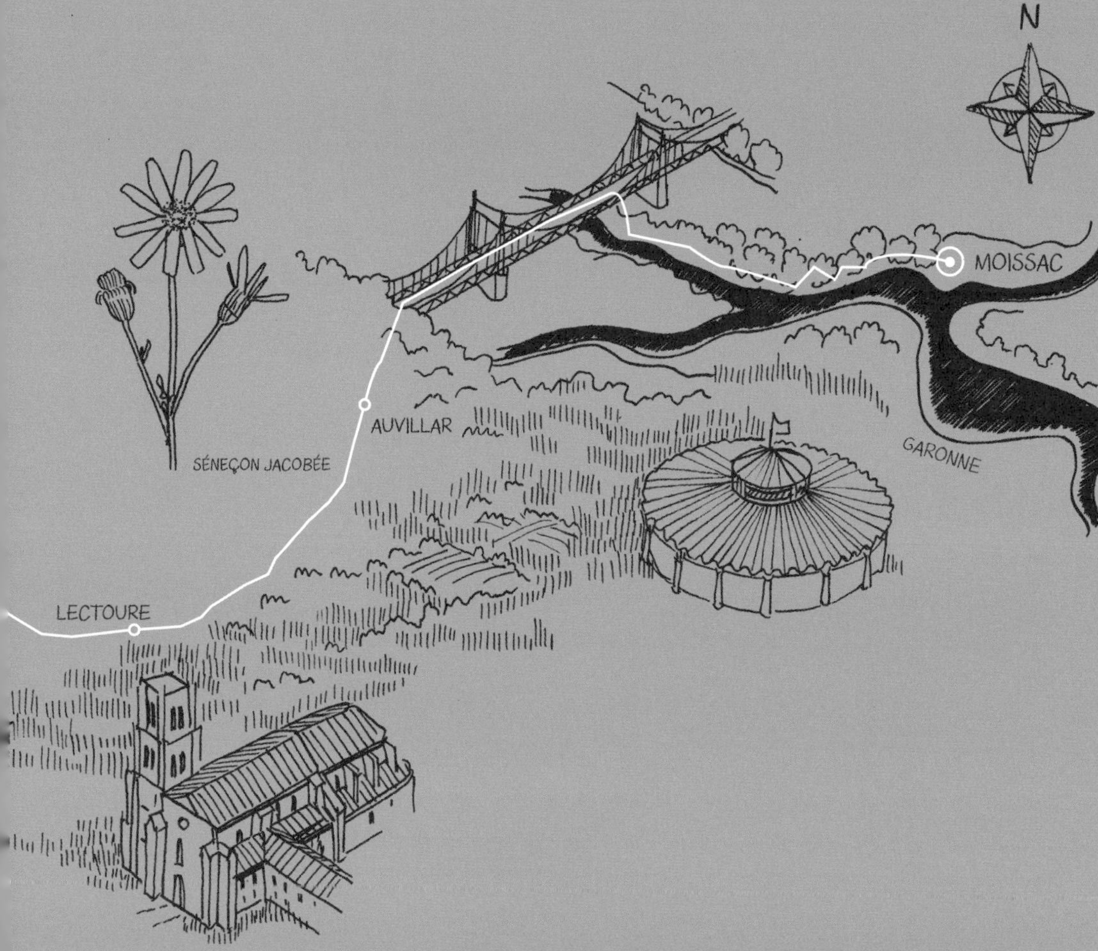

À partir de Moissac, le Chemin longe d'abord le canal latéral de la Garonne puis franchit le fleuve à la hauteur d'Auvillar. Il pénètre alors dans le département du Gers. Avec ses reliefs doucement vallonnés et ses beaux villages de calcaire blanc au sommet des collines, le Gers me donne l'impression d'être en Toscane. Les champs de céréales et d'oléagineux qui s'étalent à l'horizon en grands à-plats de couleurs vertes et dorées. C'est une des étapes que j'ai préférées pour la beauté de ses paysages, mais dont la flore sauvage est assez pauvre.

Le cloître de l'abbatiale Saint-Pierre à Moissac

Chicorée sauvage

Orge des rats

Lectoure sur sa colline, en repartant le matin. Tous les tournesols sont tournés vers le soleil levant.

Le Chemin entre Lectoure et Marsolan

Entre Saint-Antoine et Flamarens

LES ARBRES DU CANAL

Chêne des marais
Quercus palustris
Originaire de l'est des États-Unis, il a été souvent planté comme arbre d'alignement à la fin du XIXe siècle. Il supporte bien les sols très humides. Ses feuilles sont énormes et profondément sinuées.

Platane
Platanus x *hispanica*
Issu du croisement entre le Platane d'Orient (est européen) et le Platane d'Amérique, c'est ce platane hybride qui est utilisé depuis la fin du XIXe siècle comme arbre d'alignement dans les villes. Il est emblématique du canal du Midi où il a été partiellement décimé par un champignon parasite, le chancre coloré. Cette maladie épargne pour l'instant le canal de la Garonne. Ses feuilles possèdent trois ou cinq lobes pointus.

LE CANAL LATÉRAL ET LA TRAVERSÉE DE LA GARONNE

Après Moissac et avant de franchir le fleuve, le Chemin s'engage le long du canal latéral à la Garonne. Il est ombragé par de magnifiques alignements d'arbres plus que centenaires, la plupart plantés vers 1858, au moment de l'achèvement de la construction du canal.

Le franchissement de la Garonne sur le pont suspendu d'Auvillar est un moment fort pour le pèlerin. Il marque la moitié du chemin jusqu'à Saint-Jean-Pied-de-Port.

La halle aux grains circulaire au centre du joli village d'Auvillar

LA TOSCANE FRANÇAISE

Après avoir passé la Garonne, on entre dans le Gers et la zone d'attraction des Pyrénées et de ses collines gasconnes. Le sous-sol est formé par des *mollasses*, c'est-à-dire des sédiments de galets, de sables ou d'argiles, issus de l'érosion des Pyrénées, charriés en couches horizontales par les cours d'eau, il y a « seulement » 10 à 20 millions d'années. Le sol peut être sableux, argileux ou calcaire en fonction de sa nature de départ et de son emplacement dans la pente. Ce qui va faire la différence pour la flore à mesure qu'on avance vers le sud-ouest, ce sont la pluviométrie et la température grandissantes. Autour de Lectoure, il pleut très peu, 700 mm d'eau par an en moyenne, avec de grandes variations d'une année à l'autre. Des retenues d'eau sont cruciales pour l'agriculture et bien visibles le long du Chemin. À Nogaro, la pluviométrie est déjà de 900 mm par an et ne fera qu'augmenter à mesure qu'on ira vers le Pays basque.

Champ de Sorgho encore vert, entre Castelnau-sur-l'Auvignon et la chapelle Sainte-Germaine

Champ de Sorgho à Miradoux fin août

Champ de Tournesol entre Marsolan et La Romieu fin août

LES GRANDES CULTURES

La culture des céréales et des oléagineux représente 75 % des terres exploitées du Gers, avec aux premiers rangs blé tendre, maïs et tournesol, mais aussi sorgho et soja.

Champs de maïs autour de Blaziert. Nous ne sommes que le 19 août et les maïs sont déjà complètement grillés, témoins de la relative sécheresse du climat du Gers. On notera le contraste avec les champs de maïs bien verts du Béarn, traversés quelques jours plus tard.

Champ de blé après la moisson (Le Baradieu)

Sorgho

Sorghum bicolor

Céréale d'été originaire d'Afrique de l'Est, ses grains ont une composition très proche de celle du maïs, avec légèrement plus de protéines. Il est traditionnellement consommé en Afrique et en Asie, mais est surtout cultivé chez nous pour l'alimentation animale.

Tournesol

Helianthus annuus

Quand on pense au Gers, on pense évidemment aux grands champs de tournesols. À juste titre, puisque c'est le département qui en produit le plus en France. On va donc le voir partout sur le Chemin en été, et c'est un vrai bonheur. Qu'en est-il de sa fameuse faculté à se tourner vers le soleil ? Tant que le tournesol est en croissance, c'est sa tige qui, en poussant plus vite à l'ombre qu'à la lumière, fait pivoter dans la journée sa tête vers le soleil. La nuit, un mécanisme inverse replace la tête du tournesol face à l'est au petit matin avant de repartir pour un nouveau cycle vers l'ouest. Mais dès que la croissance de la tige est terminée et que sa fleur s'ouvre, la tête du tournesol s'immobilise définitivement face à l'est.

Le tournesol appartient à la famille des Composées (Asteracées) comme la marguerite ou le pissenlit. Sa tête (appelée capitule) est composée de centaines de petites fleurs individuelles. Les fleurs extérieures sont ligulées (elles portent un grand pétale jaune) et sont stériles, les fleurs intérieures (ou fleurons) sont tubulaires et bisexuées. Le capitule est, en fait, un épi dont la tige s'est totalement contractée sur un seul niveau, à la manière d'une canne télescopique. C'est la raison pour laquelle la floraison est, comme on le voit sur la photo, centripète : elle commence par les fleurons extérieurs, qui seraient sur un épi les plus bas, et gagne progressivement les fleurons du centre, qui seraient les plus hauts. Les insectes sont nécessaires à la pollinisation (ici, un bourdon et une petite abeille solitaire).

Maïs

Zea mays

Il est ici cultivé pour le grain, contrairement à d'autres régions d'élevage où on en fait de l'ensilage pour les bovins. Il a besoin de chaleur estivale et d'eau.

La Romieu et sa collégiale Saint-Pierre, un des plus jolis villages du Chemin dans le Gers, qui en compte beaucoup entre Auvillar et Condom.

TROIS PLANTES BIBLIQUES

Moutarde noire
Brassica nigra
Originaire du Proche Orient, c'est le grain de sénevé des Évangiles (voir encadré). Cette grande Crucifère, qui peut faire 2 m de haut, est un vestige des cultures passées qui survit sur le bord des routes. Depuis le Moyen Âge, elle servait à faire la moutarde de Dijon. Mais sa culture a été presque totalement abandonnée dans les années 1950 car sa grande taille et sa maturation trop étalée dans le temps se prêtaient mal à la mécanisation de la récolte. Elle a été remplacée, quasiment partout, par la Moutarde brune (*Brassica juncea*).

Ivraie vivace
ou Ray-Grass anglais
Lolium perenne
Encore une plante au nom biblique, celle de la parabole du « Bon grain et de l'ivraie » (Matthieu 13, 43 également). Mais l'ivraie de l'Évangile, c'est l'Ivraie enivrante (*Lolium temulentum*), autrefois adventice des champs de blé, dont les grains sont parasités par un champignon qui produit des alcaloïdes narcotiques. Consommée dans du pain contaminé, l'ivraie pouvait entraîner des comportements similaires à l'ivresse, d'où son nom. Cette ivraie-ci, spontanée en bords de chemins ou cultivée comme fourrage, est inoffensive.

Chardon-Marie
ou Chardon de Notre-Dame
Silybum marianum
Une légende populaire veut que les marbrures blanches de ses feuilles soient dues au lait maternel qu'aurait répandu la Vierge en cachant l'Enfant Jésus dans un bosquet de chardons durant la fuite en Égypte. Son capitule peut se manger comme un artichaut, mais c'est surtout pour ses propriétés médicinales que le Chardon Marie est aujourd'hui réputé. C'est une des plantes les plus efficaces pour prévenir et soigner les maladies du foie.

PARABOLE
DU GRAIN DE SÉNEVÉ

« Jésus leur proposa une autre parabole : le Royaume des Cieux est semblable à un grain de sénevé qu'un homme a pris et semé dans son champ. C'est bien la plus petite de toutes les graines, mais, quand il a poussé, c'est la plus grande des plantes du potager, qui devient même un arbre, au point que les oiseaux du ciel viennent s'abriter dans ses branches. »
Évangile selon Matthieu, 13, 43.

Église de Castelnau-sur-l'Auvignon

La chapelle Sainte-Germaine juste après Castelnau

LA BEAUTÉ DE QUELQUES GRAMINÉES COURANTES

Les graminées représentent environ 15 % des espèces de la flore européenne, mais leur importance en fréquence et en surface est beaucoup plus grande. Bien que constituant l'essentiel des prairies et des bords de routes, elles sont souvent difficiles à différencier les unes des autres. Pollinisées par le vent (les personnes allergiques le savent bien), elles n'ont pas eu besoin de développer des fleurs sophistiquées pour attirer les insectes, et leurs inflorescences vertes en épis n'attirent pas l'attention. Cependant, quand on prend le temps de les regarder, les herbes des talus sont souvent très séduisantes.

Dactyle aggloméré
Dactylis glomerata
Très facile à identifier grâce à ses épillets agglomérés en petits paquets compacts. Également indicateur de sols riches.

Orge des rats
Hordeum murinum
Une de mes graminées préférées, particulièrement belle dans la lumière rasante du soir. Les botanistes la qualifient d'hypernitrophile. On la trouve principalement dans les villes et les villages où elle adore les endroits richement dotés par les chiens.

Fromental
Arrhenatherum elatius
Elle est caractéristique des sols riches en azote et très fréquente sur tous les bords de champs du Gers.

Folle avoine
Avena fatua
Commensale des champs de céréales, son inflorescence aérienne et gracieuse est caractéristique.

LE BORD DES CHAMPS AU PRINTEMPS

Les grandes cultures très utilisatrices d'engrais azotés favorisent le développement des graminées au détriment des plantes à fleurs, ce qui est très perceptible sur la flore des bords de champs qui reste assez pauvre. Gaillet commun (au premier plan) et Scabieuses donnent quelques couleurs au ruban de graminées qui bordent cette route après Lectoure.

Gaillet commun
Gallium mollugo
Typique des sols riches (en azote), il est très présent en bordures de champs. Comme le Gaillet jaune, il a la faculté de faire cailler le lait et a été autrefois utilisé pour fabriquer des fromages (voir p. 58).

Grande ortie ou Ortie dioïque
Urtica dioica
Elle est indicatrice d'un sol riche en azote, et elle est dioïque, c'est-à-dire qu'il y a des pieds mâles et des pieds femelles. Sur la photo, on voit des grappes de fleurs pas encore ouvertes.

Scabieuse des champs*
Knautia arvensis
Une des rares fleurs en bord de champs. Ici visitée par une chrysope pour son pollen, riche en protéines. Les larves des chrysopes sont bien connues pour être de grosses dévoreuses de pucerons (jusqu'à 800 pucerons par larve).

LE BORD DES CHAMPS EN ÉTÉ

L'été, les bords de champs accueillent, au milieu des graminées, la majorité des plantes estivales courantes de plaine telles que Carotte sauvage, Centaurée jacée, Chicorée sauvage, Achillée millefeuille... (voir p. 209)

Centaurée jacée*
Centaurea jacea
Une des plantes d'été les plus belles et les plus courantes.

Origan*
Origanum vulgare
En août, les fleurs ont disparu et ne subsistent que les bractées rouge-violet des fleurs qui lui donnent comme une seconde vie.

Scabieuse colombaire
Scabiosa columbaria
Une fois la fleur fanée, on distingue bien les soies brunes du genre *Scabiosa* qui les différencie du genre *Knautia* où elles sont absentes.

Les chemins creux : une jungle verte en été. Quand il y a suffisamment d'eau, tout est grand dans le Gers, le long des chemins. En été, on peut avoir l'impression d'être englouti dans la végétation. Deux plantes herbacées se distinguent particulièrement : le Sureau yèble et la Cardère (voir ci-contre).

Le pont de Lartigue après Larressingle. Un des plus vieux ponts empruntés par les pèlerins. Son nom provient du gascon *artiga* qui signifie « terre défrichée » (l'équivalent des « essarts » dans le nord de la France).

DEUX HERBACÉES GÉANTES

Sureau yèble
Sambucus ebulus
Ce cousin du Sureau noir ne doit pas, et ne peut pas, être confondu avec lui. Ses feuilles lui ressemblent beaucoup, mais sa silhouette est très différente : ce n'est pas un arbuste, il forme des tiges herbacées totalement verticales, allant jusqu'à 2 m maximum, sans ramifications. Et il disparaît en hiver, ou plutôt, vivace, il survit sous terre. Il pousse en meute le long des chemins. L'abbé Coste le qualifie de « plante envahissante et nuisible ». On lui attribue une odeur fétide, ses baies sont légèrement toxiques pour l'homme (nausées, vomissements, diarrhées, vertiges, troubles cardiaques...). Et il est potentiellement mortel pour les chevaux... Mais moi, je l'aime bien quand même (j'ai peur des chevaux).

La cardère fleurit bizarrement : le capitule commence par fleurir par le milieu, puis la floraison progresse dans les deux directions opposées.

Ses capitules fanés persistent longtemps dans la campagne.

Cardère ou Cabaret des oiseaux
Dipsacus fullonum
Bien que cette cardère ait aussi été utilisée pour le foulage (cardage) de la laine, on cultivait au XIXe siècle une cardère très proche (*Dipsacus sativa*), aux épis plus longs et mieux adaptés au cardage mecanique de la laine dans les manufactures. Elle est bisannuelle, c'est-à-dire que la première année elle commence par former une grosse rosette de feuilles et ne monte à fleur que l'année suivante. Vigoureuse, elle peut alors atteindre 2 m. Elle fane ensuite, mais perdure sur pied tout l'hiver où ses capitules remplis de graines font le bonheur des oiseaux. Médicinale, elle est connue pour ses propriétés dépuratives (qui nettoient l'organisme de ses toxines), mais c'est surtout pour son efficacité possible — mais à confirmer — pour combattre la maladie de Lyme que sa notoriété croît dans les milieux de la phytothérapie.

LE BAS-ARMAGNAC

À Eauze et jusqu'à Nogaro, le Chemin traverse la région du Bas-Armagnac, réputée pour sa production d'armagnac, produit par distillation de vins blancs secs. Les vignes et les bois sont beaucoup plus présents et le paysage reprend un aspect un peu plus sauvage.

Vignes dans le Bas-Armagnac

Arum blanc ou Calla
Zantedeschia aethiopica
Pas une plante sauvage, mais un marqueur climatique et culturel. À partir de Nogaro et jusqu'au Pays basque, on va la voir de plus en plus souvent devant l'entrée des maisons. Elle va de pair avec une forte humidité du sol et une douceur du climat croissante. Elle est originaire d'Éthiopie.

Le Chemin, avant d'arriver à Nogaro, passe à travers vignes, bois et champs de maïs.

DANS LES FOSSÉS HUMIDES

De nombreux fossés humides bordent les champs comme ici après Marsolan. On y trouve tout le cortège classique des plantes qui ont besoin d'avoir les pieds dans l'eau : Grande prêle, Massette, Salicaire, Épilobe hirsute, Eupatoire à feuilles de chanvre, Lycope d'Europe, Menthe des champs, Saule blanc...

Massette à feuilles étroites
Typha angustifolia
Une des plantes de berge communément appelée Roseau — avec le Phragmite, qui est très différent. Les massettes brunes sont les épis femelles qui se désagrègent à maturité, laissant leurs graines cotonneuses se faire emporter par le vent.

Salicaire
Lythrum salicaria
Sa couleur pourpre apporte de la couleur en été dans cette campagne dominée par le vert. Originaire d'Europe, elle s'est naturalisée en Amérique du Nord où, en l'absence de ses prédateurs naturels, elle est devenue invasive et est nommée « Beautiful killer ».

Grande prêle ou Grande queue-de-cheval
Equisetum telmateia
Elle est indicatrice des sols argileux humides. Toxique, il ne faut pas la confondre avec la Prêle des champs utilisée en herboristerie, mais elle est facile à différencier : c'est la plus grande des prêles, au moins 40 cm, et sa tige est creuse et blanchâtre.

Épilobe hirsute
ou Épilobe à grandes fleurs
Epilobium hirsutum
Elle est médicinale et utilisée, comme l'Épilobe en épi, pour soigner l'hypertrophie de la prostate. Au printemps, on peut aussi manger ses rosettes de feuilles en salade.

La fleur porte 4 stigmates en croix remarquables. Elle est dite « protandre », c'est-à-dire que les parties mâles sont opérationnelles avant les parties femelles : quand le style avec ses 4 stigmates (femelles) s'allonge, les étamines (mâles) sont déjà presque vides. C'est un mécanisme qui permet d'éviter l'autofécondation et les problèmes génétiques qui vont de pair (cf. les derniers Habsbourg d'Espagne).

Eupatoire à feuilles de chanvre
Eupatorium cannabinum
Autrefois utilisée en médecine populaire, on sait aujourd'hui qu'elle contient des alcaloïdes pyrrolizidiniques cancérigènes. Depuis, on évite. Très mellifère, elle nourrit de nombreux papillons, dont l'Écaille chinée qui, comme l'Écaille du séneçon (voir p. 134), utilise ces alcaloïdes comme défense contre ses prédateurs.

Menthe aquatique
Mentha aquatica
Elle a l'odeur bien connue de menthe quand on froisse ses feuilles, mais son parfum, moins apprécié, ne la range pas parmi les menthes cultivées pour la cuisine. Elle forme une inflorescence en boule caractéristique. On croisera aussi souvent une autre menthe sur le Chemin, la Menthe à feuilles rondes, *Mentha suaveolens* (voir p. 187).

Lampourde glouteron
Xanthium strumarium
Le champ à côté de ce fossé humide était tellement envahi par cette plante que je l'ai d'abord prise pour une plante cultivée. Erreur, il s'agit de la Lampourde glouteron, au nom aussi bizarre que ses fruits sont épineux. C'est une adventice des champs de tournesols, originaire d'Amérique du Nord. Cosmopolite, elle s'est répandue dans le monde entier et est réputée pour sa toxicité envers les mammifères comme les vaches, les moutons et les cochons. En Chine, elle est utilisée en médecine traditionnelle pour soigner les sinusites et les congestions nasales. On a bien signalé quelques vomissements et spasmes musculaires après ces traitements, mais bon...
On appelait autrefois glouterons les fruits de la bardane*, particulièrement pénibles parce qu'ils s'accrochaient à la laine qu'il fallait alors « déglouteronner ».

LE PASSAGE DE L'ADOUR & LE BÉARN

De Nogaro à Navarrenx

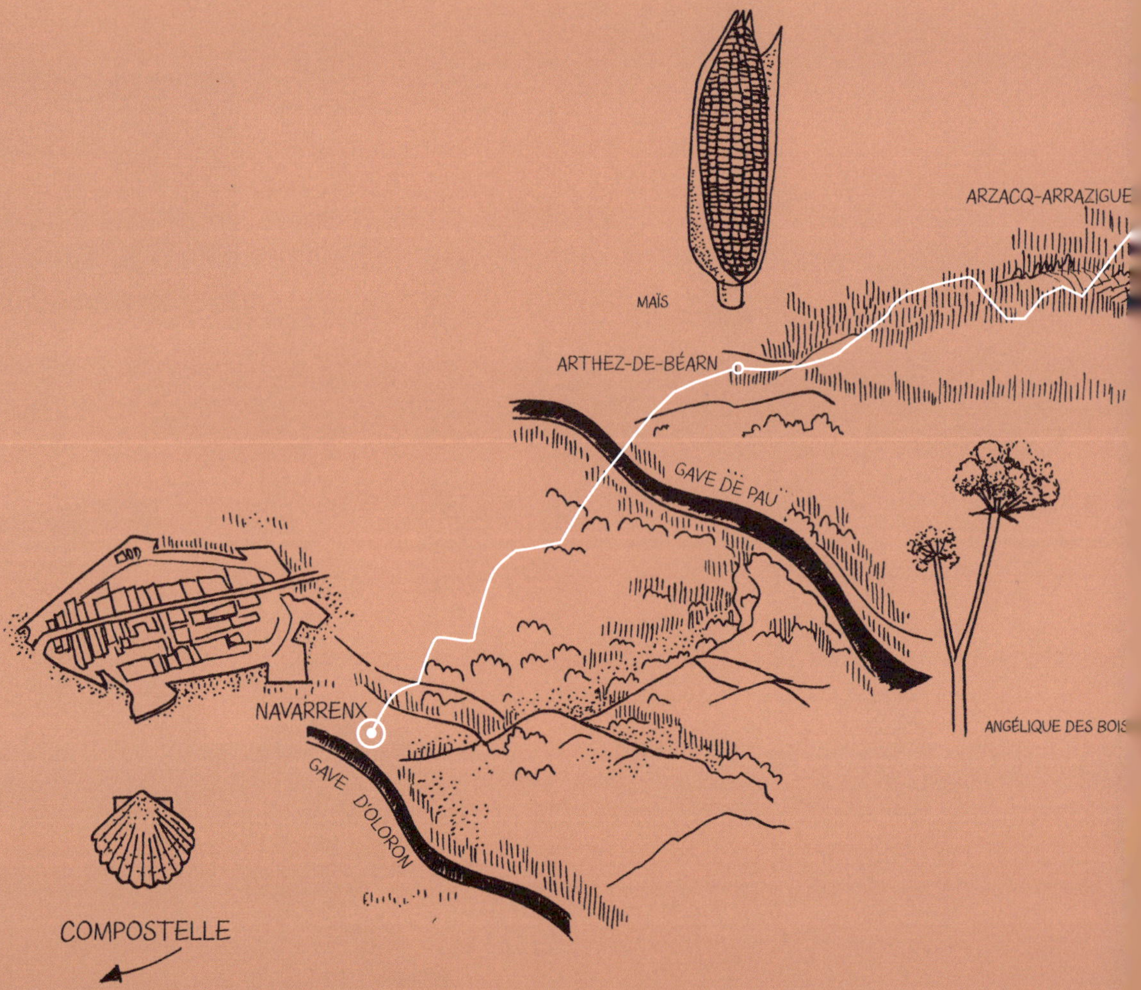

SALICAIRE

L'influence atlantique, douce et humide, se fait sentir de façon croissante. Alors que les pluies n'étaient que de 700 mm par an dans le Gers, autour de Lectoure, elles sont déjà de 900 mm à Nogaro et montent à 1 000-1 200 mm dans le Béarn. Le Chemin traverse les collines gasconnes et son éventail de gaves qui coulent des Pyrénées vers l'Adour, alternant entre une belle « campagne à vaches » sur les collines et les coteaux boisés, et la culture du maïs dans les vallées. La végétation y est « classique », quoique marquée par les plantes qui aiment l'humidité et quelques espèces « thermo-atlantiques » qui font leur apparition.

Angélique des bois

L'église romane Saint-Barthélémy de Pimbo (XIIe siècle)

Paysage typique du Béarn immortalisé par un pèlerin australien (vallée du Gëü).

Prairie naturelle à centaurées noires (entre Sauvelade et Navarrenx)

Chèvrefeuille des bois

LA BELLE CAMPAGNE À VACHES ET À MAÏS

Le climat chaud et humide en été du Béarn convient particulièrement bien à la culture du maïs qui occupe de grandes surfaces dans les vallées. Les collines, plus escarpées, sont consacrées à l'élevage. Les forêts, dominées par le chêne pédonculé, y conservent une place importante.

LE MAÏS, UNE CULTURE TRADITIONNELLE DANS LE BÉARN

Alors que les champs de maïs parcourus deux jours plus tôt (fin août) dans le Gers étaient déjà grillés, ils sont ici bien verts et vigoureux. La forte hygrométrie de l'air est palpable. Introduit dans le Béarn au XVIe siècle, le maïs a progressivement remplacé le mil et le millet et a joué pendant tout le XVIIIe et le XIXe siècle un rôle important dans l'alimentation paysanne, sous forme de galettes ou de bouillies. Mais le réel essor de sa culture s'est produit, après la Seconde Guerre mondiale, avec la mécanisation de l'agriculture et l'apparition des maïs hybrides qui permirent d'augmenter considérablement les rendements.

La campagne près de Miramont-Sensacq

La vallée du Géü, entre Maslacq et Sauvelade, peu avant qu'il rejoigne le gave de Pau.

PRAIRIE NATURELLE *VERSUS* PRAIRIE ARTIFICIELLE

Vues de loin, les prairies paraissent toutes identiques, uniformément vertes et naturelles. De près, il y a cependant une grosse différence entre des prairies naturelles pérennes et des prairies artificielles ressemées régulièrement. Les premières sont généralement riches en fleurs diverses tandis que les secondes, plus productives, sont essentiellement composées d'herbe, c'est-à-dire de graminées. Par ailleurs, une grande proportion de ces prairies est fertilisée avec des engrais azotés. Les engrais azotés ne sont pas mauvais en soi, sauf lorsqu'ils sont utilisés à trop fortes doses et lessivés, mais ils ont le grand inconvénient, pour la vie sauvage, de favoriser la croissance des graminées au détriment des plantes à fleurs. Or, en l'absence de fleurs, plus d'insectes ! Les prairies représentent en France 40 % de la surface agricole. C'est une des causes majeures et méconnues de la diminution drastique du nombre d'insectes observés ces dernières décennies, du même ordre que l'utilisation intensive des insecticides en grandes cultures.

Et voilà à quoi ressemble une prairie artificielle fraîchement semée : c'est une culture d'herbe, sans aucune plante à fleurs. (Par ailleurs, cette prairie a vraisemblablement reçu trop d'azote, entraînant une croissance excessive des chaumes qui ont versé sous l'effet d'un coup de vent).

Voilà à quoi ressemble une prairie naturelle peu ou pas fertilisée. On y trouve encore, au milieu des graminées, beaucoup de plantes à fleurs. C'est un milieu favorable aux insectes.

Gesse des prés
Lathyrus pratensis

Centaurée noire
Centaurea nigra

Stellaire graminée
Stellaria graminea

Trèfle rouge ou Trèfle des prés
Trifolium pratense

Trèfle blanc ou Trèfle rampant
Trifolium repens

Brunelle
Prunella vulgaris

Sauterelle verte dissimulée dans l'herbe de la prairie. La voyez-vous ? Les sauterelles sont particulièrement difficiles à distinguer dans l'herbe. Elles se fondent dans la végétation grâce à leurs couleurs mimétiques. Tout comme les criquets, elles appartiennent à la famille des Orthoptères. Leurs antennes sont longues et fines, tandis qu'elles sont courtes et moins fines chez les criquets (voir p. 187).

Pimbo, bastide du XIIIe siècle (en Tursan)

Les hérons gardes-bœufs sont devenus très fréquents dans le Sud-Ouest au milieu des troupeaux de vaches. À l'origine, ils vivaient en Afrique avec les gnous, les éléphants et les autres grands herbivores de la savane. Ils ont fait leur apparition en France en 1969, en Camargue, et n'ont cessé depuis de s'étendre.

Petite route magique à travers les bois du Béarn. Un bonheur à parcourir à pied ou à vélo.

Très humides, ces bords de route prennent souvent l'aspect d'une véritable jungle luxuriante dans laquelle une quantité impressionnante de plantes s'entremêlent comme ici : fougère, prêle, tamier, mercuriale, brachypode, androsème, lierre, etc.

LES GÉANTES DES FOSSÉS

Les bords de chemins humides deviennent ici presque la norme. On y trouve le même cortège de plantes que dans les fossés humides du Gers (p. 156), et d'autres plantes en plus.

Scrofulaire
Scrophularia auriculata
Les scrophulaires font partie de ces plantes peu attractives qu'on remarque à peine, mais dont un examen plus minutieux révèle toute la beauté. Leur nom n'est pas très engageant non plus. Les scrofules étaient des tumeurs au cou causées par une infection d'origine tuberculeuse c'était l'autre nom des écrouelles, que les rois de France avaient le pouvoir de guérir par simple contact. La ressemblance de leur rhizome avec ces ganglions leur a valu la croyance, selon la théorie des signatures, de pouvoir aussi guérir cette maladie. Avec le même succès que l'imposition des mains royales…

Angélique des bois ou Angélique sauvage
Angelica sylvestris
Elle n'est pas vraiment « des bois », mais plutôt des prés. C'est la cousine sauvage de l'Angélique vraie (*Angelica archangelica*), qui est une plante médicinale originaire du nord de l'Europe, cultivée chez nous dans les jardins depuis le Moyen Âge pour ses vertus médicinales et magiques, puis plus tard en confiserie (tiges confites). Elle doit son nom à l'archange Gabriel qui, d'après la légende, serait apparu à Charlemagne pour lui révéler comment guérir son armée atteinte de la peste grâce à l'utilisation de sa racine. Elle est encore utilisée en phytothérapie pour son spectre d'actions très large. Une vraie panacée archangélique !

L'Angélique des bois a les mêmes propriétés médicinales, mais moins puissantes. (Attention cependant aux risques de confusions dans cette famille de plantes riche en empoisonneuses, comme la ciguë). Très graphique, l'Angélique des bois a beaucoup inspiré les artistes Art nouveau, au tournant du xixe au xxe siècle.

Ferme traditionnelle béarnaise avec sa toiture à quatre pentes. Remarquez les deux Palmiers chanvre (*Trachycarpus fortunei*). Introduit de Chine à partir de 1850, ce palmier est un marqueur social fréquent devant les maisons bourgeoises de la région.

LE PAYS BASQUE

De Navarrenx
à Saint-Jean-Pied-de-Port,
puis Roncevaux

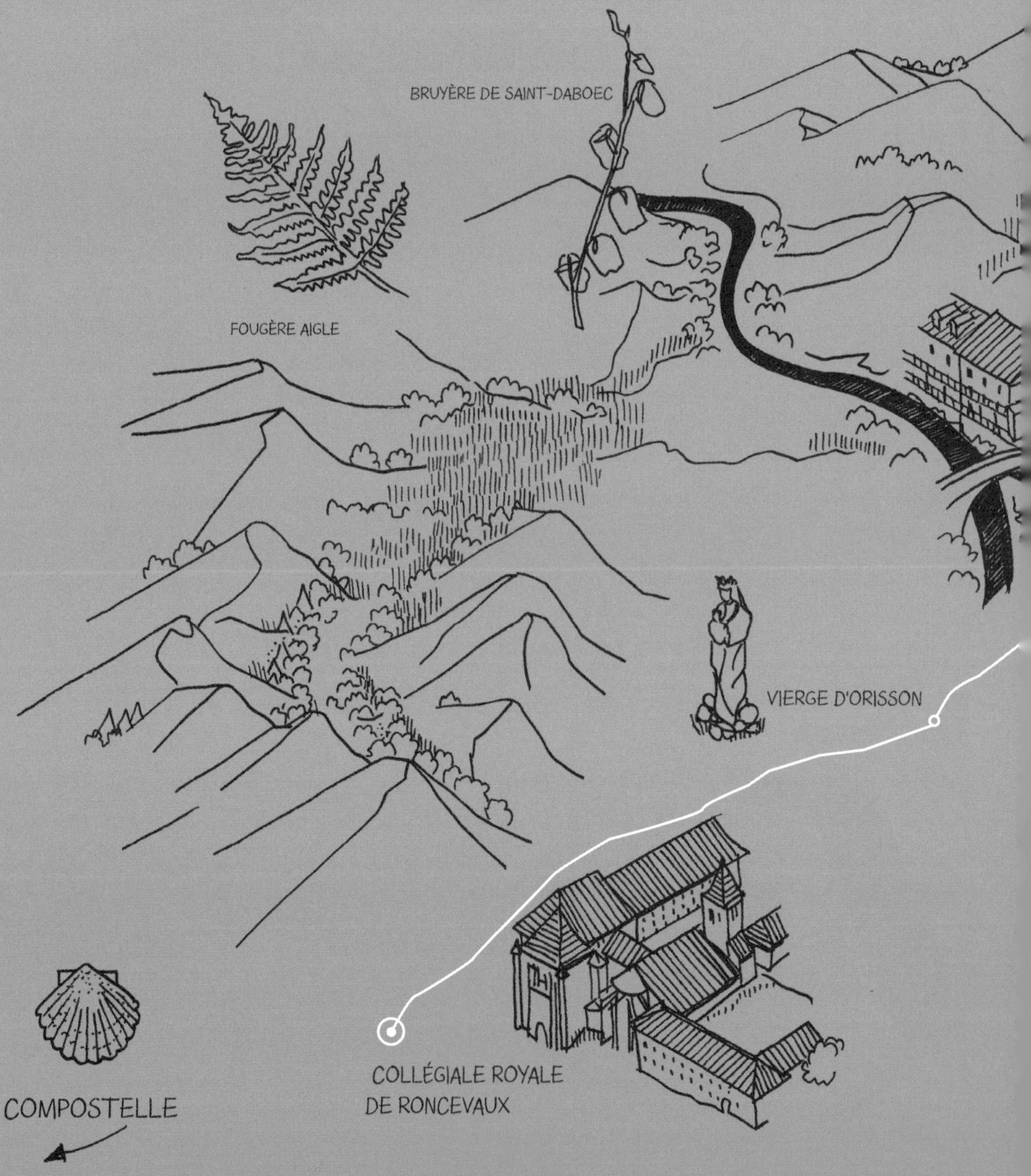

Une quinzaine de kilomètres après Navarrenx, on quitte le Béarn pour entrer dans le Pays basque, à la personnalité bien marquée par l'architecture traditionnelle de ses maisons, la beauté de ses villages et sa succession de collines verdoyantes. Si celles-ci restent vertes toute l'année, c'est que les hivers sont doux et les étés bien arrosés. Cette dernière étape, qui est une des plus somptueuses, traverse d'abord les collines du Piémont pyrénéen jusqu'à Saint-Jean-Pied-de-Port, puis s'élève ensuite dans la montagne pour atteindre Roncevaux, en Espagne, à travers un paysage grandiose.

Saint-Jean-Pied-de-Port

Vue du Piémont basque depuis la chapelle de Soyarza

Les alpages d'altitude sur le chemin de Roncevaux

Onagre rose

Bruyère vagabonde

Le Chemin entre Aroue et Aïtzager, peu avant la stèle de Gibraltar

LES COLLINES DU PIÉMONT

Le tronçon entre la stèle de Gibraltar et Ostabat, outre sa beauté particulière, a le grand intérêt d'offrir un raccourci remarquable de presque tous les milieux traversés dans le Piémont basque. Sur cette portion de seulement 10 km, que j'ai pu observer les trois milieux décrits ci-dessous : chemin sec sur calcaire, lande à ajoncs et bruyères, forêt et sous-bois humide…

La stèle de Gibraltar, à quelques kilomètres de Saint-Palais, marque la jonction entre la voie du Puy et celles de Tours et Vézelay.

Un chemin sec sur calcaire

De la stèle de Gibraltar jusqu'à la chapelle de Soyarza, la montée s'effectue sur une dalle calcaire assez raide. Sur le côté, les églantiers sont très présents. Au ras du sol, les observateurs les plus attentifs pourront remarquer quelques plantes calcicoles, peu spectaculaires mais caractéristiques comme la Germandrée des Pyrénées, la Carline commune, la Bugrane épineuse ou le Polygala du calcaire.

LE SOUS-SOL ET SON INFLUENCE SUR LES PLANTES DU PAYS BASQUE

Le sous-sol du Pays basque, lié à la surrection de la chaîne pyrénéenne, est de nature très variée. Les schistes font partie des roches les plus fréquentes, donnant naissance à des sols plutôt acides sur lesquels poussent des plantes acidophiles (fougère aigle, ajonc, bruyères...), mais le calcaire est également présent par endroits, avec son cortège de plantes calcicoles. Le climat doux et humide, parfois qualifié de thermo-atlantique, est propice à la présence de quelques plantes spécifiques, comme le chêne tauzin, l'androsème ou la bruyère de Saint-Daboec.

Montée vers la chapelle de Soyarza. Cette petite chapelle dédiée à Marie a été construite en 1845 sur les ruines d'un ancien ermitage. Le chemin redescend ensuite vers Harantbeltz à travers un paysage magnifique.

DES PLANTES CALCICOLES

Églantier ou Rose des chiens
Rosa canina
Ses fleurs sont les églantines; ses fruits, les cynorhodons (littéralement «roses de chien» en grec). Les fruits ont diverses utilisations comestibles et médicinales. Ils sont surtout consommés cuits, en confiture, et se récoltent pour cet usage après les premières gelées. On les appelle aussi gratte-cul, car ils contiennent une multitude de petits poils irritants utilisés comme poil à gratter par les gamins d'antan. À droite, le bédégar de l'églantier est une galle, c'est-à-dire une excroissance tissulaire provoquée par la ponte d'une minuscule abeille sauvage, le cynips du rosier, et qui abrite ses œufs.

Germandrée des Pyrénées
Teucrium pyrenaicum
Une toute petite beauté locale, totalement endémique des Pyrénées, qui pousse sur le calcaire.

Carline commune ou Chardon doré
Carlina vulgaris
Les carlines appartiennent comme les marguerites à la famille des Composées (Astéracées), mais contrairement à ces dernières, ce ne sont pas les pétales qui font le spectacle, mais les sépales extérieurs, ce qui leur permet de rester attrayantes jusqu'en hiver. Elles poussent dans toute la France.

DEUX TOUTES PETITES PLANTES AMÉRICAINES

Je ne les ai rencontrées que dans le Pays basque, où la douceur du climat leur a permis de s'acclimater. Elles sont toutes petites mais très gracieuses.

Onagre rose
Oenothera rosea
Assez fréquente sur le bord des chemins et le long des routes, elle est originaire du Pérou, du Mexique et du nord-ouest de l'Amérique.

Bermudienne
Sisyrinchium rosulatum
Également originaire du Mexique et d'Amérique centrale. Je ne l'ai rencontrée qu'une seule fois début juin, sur le chemin descendant de la chapelle de Soyarza.

La lande à ajoncs et bruyères

Après la chapelle de Soyarza, en descendant, le chemin traverse une lande à ajoncs, bruyères et fougères aigles.

Ajonc d'Europe, Fougère aigle, Bruyère cendrée (rose vif), Callune (rose pâle) et Ronce. Nous sommes fin août, et la Callune commence à peine à fleurir tandis que la bruyère cendrée est déjà en fin de floraison. Toutes ces espèces, à part la ronce, sont des plantes de sol acide. À celles-ci s'associe la Bruyère vagabonde.

DES PLANTES ACIDOPHILES

À gauche du chemin, une lande à fougères aigles entretenue. À droite, une lande non entretenue dans laquelle les ajoncs, les bruyères et les ronces se mêlent à la fougère aigle, pour former une lande qui constitue une étape de transition vers la forêt.

Ajonc d'Europe
Ulex europea
De la même famille que les genêts (Fabacées ou Papilionacées), il s'en distingue facilement par ses rameaux très épineux. C'est un arbrisseau pionnier qui pousse sur sols acides dans les landes de l'ouest et du centre de la France. Sa floraison est très étendue dans l'année, avec un pic au printemps.

Callune ou Bruyère commune
Calluna vulgaris
C'est la bruyère la plus répandue dans toute l'Europe. Elle fleurit plus tardivement que la Bruyère cendrée et ses fleurs sont beaucoup plus pâles.

Bruyère cendrée
Erica cinerea
Cette espèce de bruyère aime le climat atlantique. Elle est répandue dans l'ouest de la France jusqu'au Massif central et la région parisienne mais pas au-delà.

Bruyère vagabonde
Erica vagans
Elle est « ibéro-atlantique » et on ne la trouve chez nous que dans le Sud-Ouest. On la rencontrera dans les landes en compagnie des autres bruyères mais aussi le long des chemins.

À LA RENCONTRE DU CHÊNE DES PYRÉNÉES

Dans le Piémont, à l'étage collinéen, les chênes pédonculés et les frênes sont les espèces forestières dominantes dans les sols riches. Mais sur les sols secs et acides, plus pauvres, pousse un chêne très particulier, un « ibéro-atlantique », qu'on ne rencontre en France que dans le Sud-Ouest, et plus particulièrement dans le Pays basque.

Le Chêne tauzin se distingue de loin par son feuillage vert clair, presque blanc, et ses feuilles très découpées.

Chêne tauzin ou Chêne des Pyrénées

Quercus pyrenaica

Si l'on ne fait pas attention, il ressemble à un chêne classique et on peut passer à côté sans l'apercevoir. Mais ses feuilles sont profondément découpées et fortement pubescentes des deux côtés, ce qui donne à son feuillage une couleur vert clair, presque blanche, qui permet de le distinguer de loin. Je me suis rendu compte de son existence pour la première fois à la sortie de la lande précédente, sur le même type de sol acide, au milieu des chênes pédonculés. Par la suite, j'ai remarqué sa présence, discrète mais constante, dans les collines ou les prés alentour.

Dessus et dessous de la feuille pubescente

La chapelle Saint-Nicolas d'Haranbeltz date du XIIe siècle. Cette portion du Chemin, chargée d'histoire, reste très préservée. Harantbelz signifie « vallée noire » en basque et l'on comprend pourquoi en regardant la forêt dense et sombre qui entoure le lieu.

Le cimetière d'Harantbelz et ses croix basques. Les quatre maisons du hameau et l'église appartiennent aux mêmes familles depuis plus de mille ans !

LES PLANTES DU SOUS-BOIS

Juste après la chapelle d'Haranbeltz, le Chemin s'engage dans les bois. Dès l'orée, bien sombre, bien humide, on rencontre l'androsème, caractéristique des chênais-frênais basques, ainsi qu'une concentration d'espèces de fougères inégalée.

Millepertuis androsème ou Toute-bonne
Hypericum androsaemum
Très atlantique, on la trouve aussi dans l'Ouest et le Sud-ouest. Encore appelée *Toute-bonne* ou bien *Toute-saine, Herbe à tous les maux, Souveraine, Passe-cure* ; ces noms en disent long sur la réputation de panacée qu'elle avait autrefois. Quant à *androsème*, il signifie en grec « sang humain », en raison des teintes rouge sang que prend son feuillage.

J'ai compté huit espèces de fougères, sans m'éloigner du sentier. Elles représentent quasiment l'ensemble des fougères des sous-bois les plus fréquentes en France. Il y a tout d'abord les cinq espèces de fougères, déjà décrites p. 92, dans la montée de la chapelle Sainte-Foy après Conques : polypode, fougère mâle, fougère femelle, polystic à soies et fougère aigle. S'y ajoutent trois autres espèces remarquables :

Osmonde royale,
Blechnum en épi,
Fougère mâle

Blechnum en épi
Blechnum spicant
Également indicatrice de sols acides, elle aime les emplacements frais à humide, mais pas inondés comme l'Osmonde royale. Elle possède des frondes stériles et des frondes fertiles, ces dernières reconnaissables à leurs segments très étroits, en arêtes de poisson.

Osmonde royale
Osmunda regalis
C'est la plus grande de nos fougères, et une des plus belles. Elle ne pousse qu'en milieu très humide ou inondé et sur sol acide. Elle est assez rare partout en France, sauf dans le Pays basque, les Landes et la Bretagne. Certaines de ses frondes se spécialisent et deviennent fertiles sur leur partie terminale.

Scolopendre ou Langue-de-cerf
Phyllitis scolopendrium
Excellente indicatrice des milieux les plus sombres et les plus humides, le genre d'endroits où il vaut mieux ne pas s'attarder si on ne veut pas tomber malade. Son nom est une allusion au mille-pattes, ou scolopendre, en raison de la disposition de ses fructifications au revers de ses frondes.

Après Ostabat, le Chemin parcourt la belle campagne basque jusqu'à Saint-Jean-le-Vieux, allant de collines en collines, passant alternativement entre les prairies ou les cultures, et les lisières de bois ombragées. Qu'ils soient au soleil ou à l'ombre, tous ces chemins ont les pieds au frais.

Ci-dessous : un festin royal.
Dans les prairies de fauche à la saison des foins, les milans royaux tournoient au-dessus des tracteurs et fondent sur les campagnols soudainement découverts.
En bas : Dans le Pays basque, les petites routes sont souvent tracées droit dans la pente.

LES BORDS DE CHEMINS FRAIS

Ancolie commune
Aquilegia vulgaris
Assez commune en lisière de forêts partout en France, sur les sols calcaires ou neutres. Sa fleur particulière est composée de 5 sépales pétaloïdes et de 5 pétales en cornet munis d'un long éperon recourbé au fond duquel se trouve le nectar destiné aux insectes.

Compagnon rouge
Silene dioica
Les fleurs mâles ou femelles sont portées par des individus différents (espèce dioïque). Il est ici plutôt rose que rouge et il s'agit probablement d'un individu hybridé avec un Compagnon blanc* (*Silena latifolia*) dont il est très proche génétiquement.

Campanule étalée
Campanula patula
Elle se reconnaît à ses clochettes à lobes très ouverts (étalés), réunies en panicules lâches. Comme toutes les campanules, ses fleurs s'orientent vers le soleil.

Menthe à feuilles rondes
Mentha suaveolens
Elle aime avoir les pieds mouillés et la tête au soleil. Elle se plaît particulièrement dans le Pays basque où on la croisera partout. Au printemps, on la reconnaît à ses feuilles ovales, velues et gaufrées, sans pétioles ; en été, à ses longs épis terminaux blanc-mauve. Et bien sûr, ses feuilles froissées sentent la menthe. On peut l'employer en cuisine, mais ce n'est pas la meilleure pour cette utilisation.

Le Chemin peu avant Saint-Jean-le-Vieux, juste après la jonction avec la Voie du Piémont

LE PASSAGE DES PYRÉNÉES

L'étape qui va de Saint-Jean-Pied-de-Port à Roncevaux est souvent la première pour les pèlerins qui démarrent leur randonnée vers Saint-Jacques en Espagne. C'est aussi une des plus redoutée pour sa pente. Les Basques ne sont pas réputés pour avoir tracé leurs routes finement. Elles montent droit dans la montagne. Mais quelle beauté ! Pour ceux qui, comme moi, se sont fixés comme objectif de parcourir la *Via Podiensis*, le voyage pourrait s'arrêter à Saint-Jean-Pied-de-Port, mais ce serait une énorme erreur de se priver de cette ultime étape qui est l'une des plus spectaculaires du Chemin.

Départ de Saint-Jean-Pied-de-Port à l'aube dans la brume (fin août)

La brume se dissipe progressivement dans la lumière rasante du matin.

Les premiers kilomètres s'effectuent dans une campagne d'aspect similaire à celle rencontrée dans le Piémont avant Saint-Jean-Pied-de-Port.

Le paysage change à partir de 600 m d'altitude. Un peu avant le refuge Orisson, la lande à fougères aigles apparaît ainsi que les premiers hêtres.

L’étage des collines

Jusque vers 600 m d’altitude, le Chemin reste dans l’étage collinéen du Pays basque. La végétation des bords du Chemin est identique à celle rencontrée dans le Piémont (voir ci-contre).

Vue sur le Piémont basque depuis la route Napoléon empruntée par le Chemin.

Quelques vieux frênes majestueux subsistent dans les prés.

LES PLANTES DU BORD DE CHEMIN EN ÉTÉ

Menthe à feuilles rondes
Mentha suaveolens

Eupatoire chanvrine
Eupatorium cannabinum

Tamier
Dioscorea communis

LES PLANTES DU BORD DE CHEMIN AU PRINTEMPS

Bugle rampante
Ajuga reptans

Angélique des bois
Angelica sylvestris

Tamier
Dioscorea communis

Compagnon rouge
Silene dioica

Myosotis
Myosotis sp.

Silène enflé
Silene vulgaris

Les landes à fougères aigles

Peu avant le refuge Orisson, la montagne est entièrement couverte de fougères aigles. Ces landes à fougères ne sont pas naturelles. Elles sont issues de la déforestation qui a été réalisée au Néolithique par les éleveurs. Autrefois, au Pays basque, la fougère aigle était fauchée pour servir de litière aux animaux, ce qui contribuait à la maîtrise de son extension et au maintien des herbages. Cette pratique aujourd'hui largement abandonnée, la fougère aigle occupe des collines et des versants de montagne entiers. La pratique des feux pastoraux, l'écobuage, aujourd'hui très contrôlée mais autorisée du 15 octobre au 31 mars, permet à ces grandes landes de fougères de se maintenir en éliminant la concurrence des arbustes. Quand elles ne sont plus entretenues – par pâturage, fauchage ou écobuage –, les prairies et les landes à fougères sont colonisées par les ajoncs quand le sol est argileux et épais, ou par les bruyères quand le sol est maigre et siliceux. Ces landes à ajoncs ou à bruyères sont elles-mêmes une transition vers un retour à la forêt.

Sur le Chemin avant d'arriver au refuge Orisson, tout le flanc de la montagne est couvert par les fougères aigles.

LA FOUGÈRE AIGLE, UNE VRAIE GUERRIÈRE

Pteridium aquilinum

Cosmopolite, on la trouve sur presque tous les continents. C'est une des plus grandes réussites du monde végétal. Bien que les fougères, apparues des millions d'années avant les plantes à fleurs, soient souvent considérées comme des plantes un peu archaïques, la fougère aigle nous donne un formidable exemple de la capacité des plantes à s'adapter constamment et a rester dans la course, aussi bien, et même mieux, que des plantes dites supérieures, apparues beaucoup plus tard.

Adaptée à des milieux extrêmes et lumineux

La fougère aigle se distingue par son adaptation à des conditions de pH extrêmes auxquelles d'autres espèces ne résistent pas. On la trouve généralement sur des sols très acides, mais aussi, localement, sur des sols très basiques.
À l'origine, en Europe, c'était une espèce de sous-bois lumineux. Avec l'apparition de l'agriculture au Néolithique, elle a conquis les espaces ouverts par la déforestation. Plus récemment, la plantation de pins en plaine, en remplacement des chênes, lui a rouvert des espaces suffisamment lumineux pour qu'elle s'y développe largement.

À la conquête du monde

La fougère aigle est une des premières plantes à apparaître sur des terres vierges. Ce pouvoir colonisateur, elle le doit d'abord à la taille microscopique de ses spores, parmi les plus petites du monde végétal, qui peuvent être emportées par le vent à plus de 3 000 km de distance.
Une fois implantée, son développement se fait sous terre grâce à la croissance de ses rhizomes. Un individu peut ainsi former une colonie — qui est, en fait, un clone — de plusieurs hectares. Elle peut ainsi coloniser rapidement les pâturages abandonnés par les bovins au profit de moutons, dont le piétinement épargne les frondes.

Pyrophile et dominante

La fougère aigle est une des rares plantes à pouvoir résister aux incendies. Ses rhizomes sont suffisamment profonds pour survivre au feu et régénérer de nouvelles frondes. Elle résiste particulièrement bien à l'écobuage. Par ailleurs, le développement de ses frondes empêche la lumière de passer et étouffe les plantes concurrentes. De fait, les couverts de fougères aigles ne brillent pas par leur biodiversité...

Une redoutable empoisonneuse

Enfin, pour éviter de se faire manger par les insectes et les gros herbivores, la fougère aigle produit un véritable arsenal d'armes chimiques, parmi lesquelles des tanins et de l'acide cyanhydrique (comme beaucoup d'autres plantes), mais aussi trois redoutables molécules beaucoup plus originales :
- l'ecdysone, l'hormone de la mue chez les insectes. Elle provoque une mue incontrôlée, puis la mort, des insectes qui la broutent !
- la thiaminase, une enzyme capable de détruire la vitamine B1. En temps normal, les animaux évitent de la brouter, mais en période de disette ou de contamination des fourrages, sa consommation peut entraîner la mort de chevaux et de jeunes bovins.
- le ptaquiloside, une molécule qui provoque des cancers de l'estomac, aussi bien chez les ruminants que chez les hommes. Elle rend également les moutons aveugles...

Au Japon, où ses crosses étaient traditionnellement consommées, on a constaté que les cancers de l'estomac étaient multipliés par trois dans les populations concernées.
En France où la consommation de crosses de fougères a pu être aussi pratiquée, il est désormais conseillé de s'abstenir ou, a minima, de ne la consommer qu'occasionnellement.

Les pâturages d'altitude

Au-dessus du refuge Orisson et jusqu'à la forêt de hêtres finale, le Chemin monte à travers les estives, pâturées en été par les animaux d'élevage, vaches, moutons ou chevaux. Elles sont composées principalement de graminées diverses, au milieu desquelles se glissent quelques plantes à fleurs généralement minuscules et des chardons épargnés par les herbivores. On peut aussi observer en bord de route quelques micromilieux atypiques.

Le Cirse acaule (*Cirsium acaule*) est un chardon qu'on appelle parfois Baromètre. Il ne prédit pas la météo, mais ses bractées argentées se referment par temps humide. On ne le trouve qu'en montagne, sur sols calcaires.

Si les estives ne retournent pas à la lande puis à la forêt, c'est pour jouer le rôle qu'elles ont toujours rempli depuis le Néolithique : fournir de bons pâturages en été aux animaux d'élevage. Les vaches, bien sûr, mais surtout deux herbivores emblématiques du Pays basque : le cheval Pottok et la brebis Manech.

Le Pottok (prononcer « Potiok ») est une race ancestrale basque de petits chevaux, ou de grands poneys selon les critères, qui vivent en semi-liberté dans les montagnes. Pas totalement sauvages, ils portent souvent des cloches pour que leurs propriétaires les retrouvent. Ils sont de robe noire, alezan (brun clair) ou pie (noir et blanc). Mais on trouve aussi dans la montagne des chevaux plus puissants de race différente.

La Manech à tête noire est très reconnaissable à sa tête noire et ses longues cornes. C'est la race de brebis historique des montagnes basques, qui est montée chaque été dans les estives. On croise aussi des brebis toutes blanches, tout aussi locales, et qui appartiennent à la race Basco-Béarnaise. Toutes deux produisent le fromage Ossau-Iraty.

DES AFFLEUREMENTS CALCAIRES

Le Chemin monte d'une façon générale sur des sols argileux ou acides. À un moment, cependant, il traverse une strate de roches calcaires sur laquelle on peut observer quelques plantes particulières :

Érine des Alpes
Erinus alpinus
Petite vivace des rochers calcaires en montagne. On pourrait la confondre avec la Saponaire de Montpellier, mais remarquez la dissymétrie de la fleur, dont les deux lobes supérieurs en V sont beaucoup plus étroits.

Euphraise officinale ou Casse-lunettes (voir p. 73)
Euphrasia officinalis
Toute petite, mais si gracieuse...

Gentiane
Gentiana sp.
À priori, sur ce sol calcaire, ce devrait être une Gentiane de l'Écluse (*Gentiana clusii*), mais elle fait partie d'un groupe de gentianes très proches dont l'identification exacte est affaire de spécialistes.

UNE CARNIVORE SUR DES ROCHERS HUMIDES

Grassette à grandes fleurs
Pinguicula grandiflora
Ses feuilles gluantes capturent et digèrent de petits insectes qui lui fournissent l'azote nécessaire à la production de ses protéines. Grâce à cette ressource, elle arrive à pousser sur les milieux très pauvres que sont les rochers suintants de montagne.

DES BEAUTÉS MINUSCULES

On remarque dans les alpages d'altitude de curieuses bosses, vraisemblablement formées par le sabot des animaux, sur lesquelles se concentrent quelques espèces de toutes petites fleurs.

Thym faux pouliot
Thymus pulegioides
Il aura été présent tout le long du Chemin (voir pp. 25, 58, 120).

Véronique officinale ou Thé d'Europe
Veronica officinalis
Elle était censée guérir de la lèpre. On l'a dédiée pour cette raison à sainte Véronique et a ensuite donné son nom à tout le genre *Veronica*. Sainte Véronique est connue pour avoir essuyé le visage du Christ avec un voile sur lequel son image s'est imprimée. Selon certaines légendes, elle aurait ensuite guéri l'empereur romain Tibère de la lèpre avec ce voile. Ce qui est sûr, c'est que c'est une plante médicinale avérée qui, utilisée en infusion, « soulage les crises d'aérophagie, améliore la digestion et a une action tonifiante générale sur l'organisme que l'on peut utiliser en cas de fatigue ou de lassitude ». Elle est assez commune dans les prairies et les bois, en plaine comme en montagne.

Les pâquerettes printanières sont particulièrement colorées en altitude.

TROIS VAUTOURS PYRÉNÉENS

Ces oiseaux sont des planeurs qui exploitent les courants ascendants pour s'élever dans le ciel et repérer leurs proies ; ils sont facilement visibles à l'œil nu par les marcheurs. Le vautour fauve est fréquent, le gypaète plus rare, et le percnoptère exceptionnel.

Vautours fauves

1

2

3

1. Le Vautour fauve

Très spectaculaire, avec son envergure allant jusqu'à 2,80 m, le vautour fauve fait désormais partie du paysage basque. Après avoir failli disparaître dans les années 1970 (il restait à peine 40 couples),
il est aujourd'hui rare de ne pas le voir tournoyer dans le ciel des Pyrénées, en exploration sur des distances allant jusqu'à 60 km de
sa base. Il se nourrit exclusivement d'animaux morts qu'il repère en vol grâce à sa vue extrêmement aiguisée, huit fois supérieure à celle de l'homme. Aujourd'hui, ce sont les cadavres des animaux d'élevage qui constituent son alimentation principale, en particulier ceux qu'il trouve dans les « placettes d'équarrissage » disposées dans la montagne à son intention et dans lesquelles les éleveurs déposent leurs animaux morts. Un système vertueux, aussi bien pour l'environnement que pour les éleveurs.

2. Le Vautour percnoptère

Également présent dans les Pyrénées mais très rare, et même menacé, sa rencontre sera exceptionnelle, et uniquement à la belle saison car il est migrateur. Plus petit, avec un bec plus fin, il arrive après le vautour fauve pour finir les carcasses.

3. Le Gypaète barbu

Nécrophage comme les précédents, il arrive en dernier pour se nourrir de ce qui reste : ligaments, tendons et surtout os. Il est connu pour emporter les plus gros os dans les airs et les laisser tomber pour qu'ils se brisent. D'une envergure allant jusqu'à 3 m, encore supérieure à celle du vautour fauve, il se reconnaît facilement à ses ailes longues et pointues et surtout à la forme cunéiforme de sa queue, très particulière.

La hêtraie montagnarde

La chênaie-frênaie est remplacée à partir de 600 m d'altitude, par la hêtraie montagnarde. Sur le Chemin, on la voit apparaître fugacement au niveau du refuge Orisson vers 800 m, puis elle fait place aux estives et aux landes à ajoncs, avant que le Chemin ne la rejoigne à nouveau vers 1200 m et la longe longuement. Le passage du col, vers 1400 m d'altitude, et la redescente sur Roncevaux se font dans cette forêt magnifique. Au printemps, j'ai eu la chance de la traverser dans une ambiance de brume magique. Et en été, sous le soleil du mois d'août, j'ai particulièrement apprécié la fraîcheur de son ombre, comme tous les pèlerins.

Les landes à bruyères d'altitude : quatre nuances de mauve

Juste au-dessus de la forêt de hêtres, sur les pentes rocheuses, le Chemin longe d'abord, puis traverse une lande dans laquelle on peut distinguer quatre espèces de bruyères. En plus des trois espèces déjà rencontrées dans le Piémont, apparaît une quatrième espèce spécifique au Pays basque : la Bruyère de Saint-Daboec.

Les versants rocheux siliceux (schistes) exposés au soleil sont occupés par des landes de bruyères, particulièrement visibles, en été, quand leur floraison violette les met en évidence.

Cycliste dans la lande à bruyères fin août. Cette étape déjà suffisamment éprouvante à pied est sans doute une des plus difficiles à vélo.

LES QUATRE ESPÈCES DE BRUYÈRES CROISÉES DANS LE PAYS BASQUE

Callune ou Bruyère commune
Calluna vulgaris

Bruyère cendrée
Erica cinerea

Bruyère vagabonde
Erica vagans

Bruyère de Saint-Daboec
Daboecia cantabrica
Cette jolie bruyère possède des grelots plus gros que les autres, ce qui en fait une plante de jardin appréciée. En France, on ne la trouve que dans le Pays basque (et très localement sur le littoral vendéen et breton). Elle est « hyper-atlantique » : elle ne va pas plus loin que la frange côtière très douce et humide du nord de l'Espagne, du Portugal, du Pays basque mais aussi de l'Irlande. C'est justement en l'honneur d'un saint irlandais qu'elle a été nommée : saint Daboec, ou saint Dabheog de son vrai nom local. Ce saint était un disciple de saint Patrick qui a vécu au ve siècle et a fondé un monastère sur une l'île du Loch Dearg, dans le nord-ouest de l'Irlande, où je suppose que cette bruyère prospère.

La Bruyère de Saint-Daboec fleurit plus tôt que les autres, dès début juin (ci-dessus), et on la trouve encore en fleur tout l'été.

Passé le point culminant du Chemin, vers 1400 m d'altitude, le sentier redescend sur Roncevaux à travers une somptueuse landeà bruyères puis une vénérable forêt de hêtres. C'est ici que mon voyage s'achève, après avoir parcouru pour la deuxième fois les 800 km me séparant du Puy, le cœur plein de joie, nourri des nombreuses rencontres effectuées au hasard du Chemin et les yeux remplis des images d'une nature que je ne soupçonnais pas aussi belle et diverse avant de me mettre en marche.
C'est ici que commence aussi le *Camino francés* qui conduit à Saint-Jacques-de-Compostelle à travers la Navarre, la Rioja, la Castille-et-Léon et la Galice... autant d'invitations à se remettre en route en quête de nouveaux horizons et d'autres merveilles de la nature à découvrir.
Buen camino !

La lande à bruyères côté espagnol fin août : une mosaïque de couleurs. Toutes les nuances de mauve des bruyères s'y expriment, auxquelles s'ajoute le jaune des ajoncs et des graminées fanées par l'été.

Roncevaux, aperçu en contrebas
de la lande et de la forêt de hêtres

LES FLEURS COMMUNES DES BORDS DE CHEMINS

Pour éviter les redites, j'ai regroupé dans cette partie les plantes les plus fréquentes et les plus communes des bords de chemins – communes, au sens qu'on les rencontrera dans toutes les régions traversées, en plaine ou en montagne. Certaines d'entre elles, comme les scabieuses ou les centaurées, ont déjà été largement évoquées, mais je les mentionne à nouveau ici car elles font partie de ce fonds commun omniprésent.

Mante religieuse à l'affût sur une vipérine (dans le Quercy blanc).

Compagnon blanc
Silene latifolia
Il porte bien son nom: il accompagnera le pèlerin tout le long du Chemin, sur tous les bords de routes, du printemps jusqu'aux premières gelées. Il ne fleurit que dans l'après-midi et le soir, attirant les papillons de nuit.

Silène commun ou Silène enflé
Silene vulgaris
Appelé aussi Claquet ou Tapotte car les enfants (et leurs parents) aiment le faire éclater sur le dos de leur main en le tenant fermé par la corolle.

Stellaire holostée
Stellaria holostea
Très printanière, elle fleurit tôt, en avril-mai et plutôt en lisière de bois. *Stellaire* (de *stella*, l'étoile) en raison de la forme de ses fleurs et *holostée* (« toute en os ») en raison de la similitude de ses tiges avec des os.

Lamier blanc ou Ortie blanche
Lamium album
Non piquante, elle a donné son nom à la famille des Lamiacées (ou Labiées) qui se reconnaît facilement à ses tiges carrées, ses feuilles opposées en croix et ses fleurs à symétrie bilatérale. Le Lamier blanc est, comme de très nombreuses plantes de cette famille, comestible et médicinal.

Géranium Herbe-à-Robert
Geranium robertianum
C'est le géranium sauvage le plus commun partout en France, même en ville. On le croisera partout sur le Chemin, dans les sous-bois, les haies, les vieux murs. Les botanistes du passé l'appelaient Herba Ruperti, « Herbe de saint Robert », ce nom lui-même provenant vraisemblablement d'une déformation du latin ruber, « rouge », en raison de la couleur que prennent souvent ses feuilles.

Renoncule âcre ou Bouton d'or
Ranunculus acris
Très commune dans les prairies car les vaches évitent de la brouter en raison de sa grande amertume. En séchant, elle n'est plus toxique pour le bétail et ne pose pas de problème dans les foins. Conseil aux randonneurs: il faut éviter de s'allonger dans les prés où elle pousse, car elle peut provoquer la « dermite des prés », une inflammation qui se manifeste par des rougeurs et des cloques sur la peau en contact avec la plante, puis exposée au soleil.

Lierre terrestre
Glechoma hederacea
Rien à voir avec le Lierre grimpant, c'est une toute petite plante, de la famille des Lamiacées, qui pousse au printemps dans les sous-bois, en lisière et dans les prés. Elle est très appréciée comme plante sauvage comestible.

Bugle rampante
Ajuga reptans
Elle fleurit au printemps le long des chemins frais et en lisière de bois. Elle est beaucoup plus commune que la Bugle de Genève (*Ajuga genevensis*) observée dans le Devès, qui a des feuilles crénelées.

Véronique petit-chêne
Veronica chamaedrys
Dans les haies et les lisières de bois au printemps. Elle ne tient pas en bouquet, ses pétales tombent en quelques minutes. Par dérision, les Allemands la surnomment *Männertreu*, ce qui signifie « fidélité des hommes »...

Benoîte commune
ou Herbe de saint Benoît
Geum urbanum
Elle a d'abord été appelée, au Moyen Âge, *herba benedicta*, l'herbe bénite, en raison des propriétés médicinales exceptionnelles qu'on lui attribuait, puis par extension, Herbe de saint Benoît, fondateur de l'ordre des Bénédictins. Très commune partout dans les lieux humides, à la mi-ombre. Ses petites racines, comestibles, ont un goût épicé de clou de girofle. Elles se récoltent en automne et en hiver et s'utilisent râpées comme condiment.

Trèfle rouge
Trifolium pratense
C'est à l'origine une espèce méditerranéenne cultivée comme plante fourragère qui s'est naturalisée dans les pâturages et en bordures.

Trèfle blanc
Trifolium repens
Sa feuille est devenue le symbole de l'Irlande. Saint Patrick, en évangélisant l'île au ve siècle, s'en servait pour expliquer la Sainte Trinité. Comme tous les trèfles, il enrichit naturellement les sols en azote grâce à ses bactéries symbiotiques.

Scabieuse des champs
ou Knautie des champs
Knautia arvensis
Une des plus jolies fleurs des chemins qu'on verra très souvent à la fin du printemps et tout l'été. C'est la plante qui était historiquement appelée scabieuse, de *scabies*, la gale, qu'elle était supposée soigner. D'abord nommée par Linné *Scabiosa arvensis*, elle a ensuite été intégrée dans le genre *Knautia*, créé en hommage à Christian Knaut, botaniste allemand méconnu du XVIIIe siècle. Ses fleurs sont douces et peuvent décorer les salades.

Centaurée jacée

Centaurea jacea

Elle doit son nom au centaure Chiron qui aurait découvert les propriétés médicinales d'une plante que les pères de la botanique ont attribué au bleuet (*Centaurea cyanus*, aujourd'hui rebaptisé *Cyanus segetum*).

Centaurée noire

Centaurea nigra

Très proche de la Centaurée jacée, elle s'en différencie par ses très petits capitules aux fleurons ayant tous la même taille, sans qu'aucun ne rayonne vers l'extérieur. Elle pousse également au soleil, mais préfère les sols plus secs et acides (ici en août dans le Pays basque).

Centaurée scabieuse

Centaurea scabiosa

Moins fréquente que les deux précédentes, la Centaurée scabieuse s'en différencie par son feuillage très découpé. Elle préfère également les sols plus basiques, calcaires ou basaltiques, comme ici au-dessus des gorges de l'Allier.

Grande mauve

Malva sylvestris

Elle n'a rien de sylvestris (des bois), mais pousse en plein soleil sur les bords de chemins riches en azote. Sa forte teneur en mucilages en fait une excellente plante médicinale contre la toux et les maux de gorge. Elle est également comestible de différentes façons. Ses fleurs sont très décoratives sur les salades.

Achillée millefeuille

Achillea millefolium

Extrêmement fréquente en été sur le Chemin. Connue dès l'Antiquité pour ses vertus médicinales, et également appelée Herbe à la coupure, elle possède des propriétés cicatrisantes et hémostatiques utilisées dans les campagnes depuis toujours. Le suc de ses feuilles écrasées est très efficace pour soigner les coupures et les petites plaies.

Séneçon jacobée ou Herbe de saint Jacques

Jacobaea vulgaris

La plante du pèlerin !

Voir p. 134

Millepertuis commun
Hypericum perforatum
Ses feuilles sont percées de glandes translucides semblables à des petits trous (*pertuis* en vieux français). Il est plutôt indicateur de sols pauvres. Il a une efficacité médicinale reconnue pour lutter contre la dépression et, conservé dans l'huile, pour soigner les brûlures et les courbatures.

Onagres
Oenothera biennis, O. glazioviana
Ces deux onagres, bisannuelle ou de Glaziou (ci-dessus), se ressemblent beaucoup, avec des fleurs plus ou moins grosses et des sépales plus ou moins rouges. Toutes deux comestibles, notamment la racine qui, déterrée avant la pousse de la tige, peut se préparer comme des pommes de terre.

Molène bouillon-blanc
Verbascum thapsus
Plante médicinale réputée, ses fleurs ont une action antitussive, antidiarrhéique, expectorante et cicatrisante. Ses feuilles également, larges et duveteuses, peuvent rendre un service appréciable au randonneur dépourvu de papier toilette (voir aussi pp. 222-223).

Vipérine
Echium vulgare
Son nom est une allusion à ses étamines qui sortent de la corolle en évoquant la langue bifide d'un serpent. Ses feuilles et ses pointes, cueillies tôt au printemps, ont longtemps été consommées en salade, apparemment sans problème notoire. Depuis qu'on a découvert qu'elle contenait de la pyrrolizidine, cancérigène pour le foie, elle est un peu tombée en disgrâce.

Chicorée sauvage
Cichorium intybus
Ses fleurs ne s'ouvrent que par beau temps. Elles s'épanouissent le matin, se referment dans l'après-midi puis fanent. C'est l'espèce sauvage qui est à l'origine de toutes les variétés cultivées de chicorées amères (Trévise, Chiogga...) mais aussi de l'endive (nom dérivé du grec *intybus*). Une variété à grosse racine, torréfiée, permet de produire la Chicorée Leroux. Sa rosette de feuilles printanière est excellente en salade et très appréciée dans les pays méditerranéens.

Reine-des-prés ou Spirée ulmaire
Filipendula ulmaria
Très commune partout en France en été, sur les sols humides et en bordure des ruisseaux. Médicinale reconnue pour son action anti-inflammatoire, c'est une des meilleures plantes contre les rhumatismes. Cette action est due à l'acide salicylique qu'elle contient. Elle est à l'origine du nom de l'aspirine, nom commercial de l'acide acétylsalicylique, créé en 1899 par la société Bayer, en s'inspirant de son nom de l'époque *Spirea ulmaria*.

Laitue scariole
Lactuca serriola
Une plante de la famille des Astéracées (Composées), à l'origine de toutes les variétés de laitues cultivées. Jeunes, en rosette, elles peuvent aussi se manger en salade mais sont beaucoup trop amères. C'est aussi une « plante boussole » : ses feuilles s'orientent sur un axe Nord-Sud, de façon à offrir le moins de surface au soleil brûlant de midi. Les laitues doivent leur nom au latex blanc qui s'écoule de leurs feuilles quand on les casse.

Ses feuilles sont garnies d'une rangée de courtes épines caractéristique, formant comme un peigne sur la nervure centrale de la face inférieure.

Fenouil
Foeniculum vulgare
Cette Ombellifère est très reconnaissable à son feuillage filiforme, même au printemps quand elle n'est pas en fleur et surtout à sa forte odeur anisée quand on la froisse. Ses feuilles, ses fleurs et ses graines sont comestibles.

Aigremoine eupatoire
Agrimonia eupatoria
Eupatoire est une référence aux plantes toxiques que le roi grec Mithridate Eupator ingérait à petites doses pour s'immuniser contre les tentatives d'empoisonnement (la fameuse mithridatisation). Sauf que l'aigremoine est inoffensive et possède même de nombreuses vertus médicinales. Pour le randonneur, elle est surtout connue pour s'accrocher aux chaussettes.

Carotte sauvage
Daucus carota
La petite fleur solitaire rouge foncé qui se trouve souvent, mais pas toujours, au centre de l'ombelle est caractéristique (voir p. 100).
Elle a donné naissance à toutes les variétés de carottes cultivées, à l'origine violettes, jaunes ou blanches.

Origan
Origanum vulgare
Plante aromatique bien connue, utilisées dans les pizzas et d'autres plats méditerranéens, mais ce sont surtout des variétés horticoles ou d'autres espèces d'origan, plus aromatiques, qui sont vendues dans le commerce. Il est très commun partout en France en situations sèches et bien exposées, surtout sur calcaire.

Berce commune
Heracleum sphondylium
Belle et grande Ombellifère comme la Carotte sauvage, mais qui préfère les sols plus frais. Elle est également comestible et médicinale. Attention cependant, comme la renoncule, elle peut provoquer des dermites sur les parties du corps en contact avec elle, puis exposées au soleil.

Saponaire
Saponaria officinalis
Cette cousine du Compagnon blanc était autrefois utilisée pour fabriquer du savon liquide en faisant une décoction de ses racines, riches en saponines (de *sapo*, le savon). Ses feuilles en contiennent moins, mais elles moussent quand même, quand on se frotte les mains sous l'eau.

Armoise commune
Artemisia vulgaris
Elle a été dédiée à la déesse grecque Artémis, la Diane chasseresse des Romains, qui est aussi associée à la Lune. Le revers argenté de ses feuilles évoque la couleur de la pleine lune. Très aromatique, elle possède de nombreux usages culinaires et médicinaux.

Mélilot blanc
Melilotus albus
De la même famille que le trèfle (Fabacées), il est très mellifère et dégage une odeur caractéristique de foin coupé due à la présence de coumarine. Ce parfum est encore plus puissant une fois la plante séchée, qu'on peut alors utiliser pour différents usages culinaires. Attention cependant, s'il moisit, une molécule anticoagulante se forme, qui peut provoquer des hémorragies internes.

Bardanes
Arctium lappa, A. minus
Les bardanes sont très fréquentes dans les friches nitrophiles. Elles sont caractérisées par leurs fruits à crochets qui sont à l'origine de l'invention du Velcro®. Leur racine, riche en inuline, est comestible. Au Japon, où sa consommation est traditionnelle, elle est même cultivée (gobô). Pour le randonneur, leurs grandes feuilles veloutées pourront avoir, en cas d'impérieuse nécessité, la même utilisation que celle du Bouillon-blanc.

Tanaisie
Tanacetum vulgare
Une des plus tardives à fleurir. Elle est riche en une huile essentielle toxique, la thuyone, qui lui donne une odeur très forte et caractéristique. Autrefois utilisée pour provoquer des avortements, et souvent mal dosée, elle occasionnait parfois des accidents mortels. Aujourd'hui, elle est très utile aux jardiniers qui l'utilisent en purins pour lutter contre les insectes.

Bibliographie

Les livres et sites internet suivants m'ont été particulièrement utiles :

LIVRES

BISSEGGER Meret, SIFFERT Hans Peter, *La Cuisine des plantes sauvages*, Ulmer, 2022
BRIL Hubert, *Découverte géologique du Massif central – Du Velay au Quercy*, Éditions du BRGM, 1988
BONNIER Gaston, LAYENS Georges de, *Flore complète portative de la France, de la Suisse et de la Belgique*, Librairie Générale de l'Enseignement, Réédition 1975
CHAUVET Michel, *Encyclopédie des plantes alimentaires*, Belin, 2018
COSTE H. L'abbé, *Flore descriptive et illustrée de la France*, Librairie des Sciences et des Arts, 1937 (3 tomes disponibles en pdf sur gallica.bnf.fr)
DAUNCEY Elizabeth, LARSSON Sonny, *Les Plantes qui tuent*, Ulmer, 2019
DEBELMAS Jacques, *Découverte géologique des Alpes du Nord*, Éditions du BRGM, 1979
DUMAS Yann, *Que savons-nous de la fougère aigle ?*, Revue forestière française LIV, 4-2002, p. 357
ESCUDER Olivier, *Plantes médicinales mode d'emploi*, Ulmer, 2007
FLEISCHHAUER S.G., GUTHMANN J., SPIELBERGER R., *Plantes sauvages comestibles mode d'emploi – Les 200 espèces courantes les plus importantes*, Ulmer, 2012
FUCHS Leonhart, *De historia stirpium commentarii insignes*, Bâle, Isingrin, 1542 (disponible sur gallica.bnf.fr)
JUILLET N., DORMONT L. & SCHATZ B., *Facilitation de pollinisation chez les orchidées trompeuses*, Cah. Soc. Fr. Orch., n° 7 (2010) – Actes 15e colloque de la Société française d'Orchidophilie, Montpellier
LE DRIANT Franck, FERRUS Lionel, PELLICIER Philippe, *Plantes de Montagne – Alpes, Pyrénées, Massif central, Jura et Vosges*, Biotope Éditions, 2022
MIROUSE Raymond, *Découverte géologique des Pyrénées occidentales*, Éditions du BRGM, 1988
MORAN Robin C., *A Natural History of Ferns*, Timber Press, 2004
OZENDA Paul, *Végétation du continent européen*, Delachaux et Niestlé, 1994
QUELLIER Florent, *La Table des Français – Une histoire culturelle (XVe-XIXe siècle)*, Presses Universitaires de Rennes, Presses Universitaires François-Rabelais de Tours, 2013
RAMEAU J.C., MANSION D., DUMÉ G., *Flore forestière française, tome I Plaines et collines ; tome II Montagnes*, Institut pour le Développement Forestier, 1989, 1993
REILLE Maurice, *Dictionnaire visuel de botanique*, Ulmer, 2014
REILLE Maurice, *Dictionnaire visuel des arbres et arbustes communs*, Ulmer, 2015
REILLE Maurice, *Dictionnaire visuel des plantes de la garrigue et du Midi*, Ulmer, 2016
SPOHN Margot & Roland, GOLTE-BECHTLE Marianne, *Quelle est cette plante ? Fleurs sauvages, graminées & arbres et arbustes*, Ulmer, 2021
THÉVENIN Thierry, PERRAUDEAU Cédric, JOUSSON Jacky, *Le Chemin des herbes*, Ulmer, 2022
VIGNES Pierre & Délia, MARCHAL Nicole, ABOUCAYA Annie, *Encyclopédie des plantes libres*, Ulmer, 2022
VERDON Jean, *Être chrétien au Moyen Âge*, Perrin, 2018

SITES INTERNET

Tela Botanica : www.tela-botanica.org
Flore du Massif central : https://fr.wikipedia.org/wiki/Flore_du_Massif_central (Article labellisé « bon article » en 2010)
Conservatoire botanique national du Massif central : projets.cbnmc.fr
Parc naturel régional de l'Aubrac : www.parc-naturel-aubrac.fr
Les paysages de l'Aveyron : paysageaveyron.fr
Flore du Pays basque : floredupaysbasque.com

Crédits

Toutes les photos sont de l'auteur, exceptées :
Adobe Stock : pp. 167 b, 34hg, 34hd, 34b, 35 bg, 35h, 35bd, 52m, 52b, 74hg, 74hd, 126m, 127h, 127m, 127b, 186hd, 134bd, 138h, 210bd.

Cartes : Hélène Lemouzy, pp. 12-13, 36-37, 60-61, 76-77, 98-99, 136-137, 158-159, 172-173.

Index des plantes par noms communs

Les numéros de pages en **gras** indiquent les présentations détaillées des plantes.

Index des plantes par noms latins

À Léonore, Juliette, Héloïse et Adèle, qui regarderont peut-être un jour les petites bêtes et les petites fleurs avec la même fascination qu'elles inspirent à leur père et grand-père.

Remerciements

Merci à Sophie, Yves, Florent, Camille, Gary, Cécile... ainsi qu'à tous les autres pèlerins rencontrés sur le Chemin qui m'ont demandé ce que je faisais à quatre pattes dans l'herbe avec mon appareil photo, et m'ont encouragé avec bienveillance en me disant que mon projet était formidable et que j'avais un beau vélo.
À Emmanuelle, avec qui j'ai cheminé avec complicité durant plus de 25 ans sur les sentiers de l'édition, et Suyapa, qui ont toutes deux repris avec talent la direction des Éditions Ulmer et m'ont accordé leur confiance maintenant que je suis passé « de l'autre côté du manche ». À Guillaume qui, avec sa créativité et son talent habituels – mais néanmoins exceptionnels – a mis en page ce livre et n'a pas son égal pour ramener l'auteur égaré sur le chemin de la raison.
À Laurent qui, avec un œil sans égal, travaille dans l'ombre à redonner aux images leur lumière originelle. À Raphaèle qui, avec Agathe(s), a corrigé et préparé mon texte et à qui j'espère ne pas avoir donné trop de travail grâce à ses patients enseignements passés. À François et ses parents Josette et Alban, d'Aumont-Aubrac, pour leur accueil et leurs précieux conseils sur la Margeride et l'Aubrac. À Serge, de Lauzerte, dont la gentillesse et le carnet d'adresses m'ont permis de ne pas passer la nuit dehors. À Sarah et Steve, du Mas de Garrigue à Calvignac, merveilleux camp de base pour explorer le Lot et le Célé.
À Patricia, pour son accueil à Argizabal et son accompagnement enthousiaste dans la découverte de son Pays basque.

Molènes bouillon-blanc et Conques en arrière-plan

Direction éditoriale : Suyapa Hammje
Édition : Agathe Legué
Révision : Raphaèle Dorniol, Agathe Evrard
Conception : Guillaume Duprat
Réalisation : Guillaume Duprat & Laurent Melin
Photogravure : Laurent Melin

Impression : Printer Trento, srl
ISBN : 978-2-37922-424-9
N° d'édition : 424-01

Dépôt légal : septembre 2025
Imprimé en Italie

33, rue du Faubourg Montmartre - 75009 Paris
Tél. : 01 48 05 03 03
www.editions-ulmer.fr
ulmer@editions-ulmer.fr
Retrouvez-nous sur Facebook et Instagram